BuddhAll

BuddhAll.

All is Buddha.

BuddhAll

洪啓嵩 著

孔雀明王具足敬愛、調伏、增益及息災四種妙德，能夠啖食世間所有的毒物，並降
我們心中的內毒；修持孔雀明王法門，對於護國息災、祈雨、除癒病痛、延命、安產
極有驗效。

出版緣起

密法是實踐究竟實相，圓滿無上菩提，讓修行者疾證佛果的法門。

密法從諸佛自心本具的法界體性中流出，出現了莊嚴祕密的本誓妙法，以清淨的現觀，展現出無盡圓妙的法界眾相。

因此，密法的修持是從法界萬象中，體悟其絕對的象徵內義，並從這些外相的表徵、標幟中，現起如同法界實相的現觀。再依據如實的現觀清淨自心，了悟自心即是如來的祕密莊嚴。

從自心清淨莊嚴中，祕密受用諸佛三密加持，如實體悟自身的身、語、意與諸佛不二。依此不二的密意實相，自心圓具法界體性，而疾證佛果，現起諸佛的廣大妙用。

「若人求佛慧，通達菩提心；

父母所生身，速證大覺位。」

這是《金剛頂瑜伽中發阿耨多羅三藐三菩提心論》中所說的話，也是真言密教行者，修證所依止的根本方向。我們由這首偈頌，當能體會密教法中〈即身成佛〉的妙諦。由此也可了知，密法一切修證成就的核心，即是無上菩提心。

密法觀照法界的體性與緣起的實相，並將法界的實相，與自己的身心眾相，完全融攝為一，並落實於現前的生活當中。這種微妙的生活瑜伽，讓我們的生活與修證不相遠離，能以父母所生的現前身心，速證無上大覺的佛果。

一切佛法的核心，都是在彰顯法界的實相，而密法更以諸佛如來果位修證的實相，直接加持眾生的身、口、意，使眾生現證身、口、意三密成就，而直趨如來的果位，實在是不可思議的密意方便。而這也是諸佛菩薩等無數本尊，為眾生所開啟的大悲迅疾法門。

「密乘寶海系列」總攝密法中諸多重要法門，包含了密法中根本的修法、諸尊行法，以及成就佛身的中脈、拙火、氣脈明點及各種修行次第的修法。

其中的修法皆總攝為偈頌法本，再詳加解說教授。希望有緣者能依此深入密法大海，證得圓滿的悉地成就！

孔雀明王行法——序

孔雀明王出現的初始因緣，據《孔雀明王經》所載，在佛陀的時代，有一位比丘遭到毒蛇所螫，痛苦難當。阿難尊者向釋尊稟告之後，佛陀就說出了一種可供袪除鬼魅、毒害、惡疾的陀羅尼真言，這就是孔雀明王咒，這也是孔雀明王及其陀羅尼為世人所知的開始。

孔雀明王（Mahā-mayūri-vidyā-rājñī），是密教的本尊之一。在密教中相傳，孔雀明王是毘盧遮那佛或釋迦牟尼佛的等流化身，具有攝取及折伏二種妙德。

一般所見的孔雀明王尊，都是白色的身形，穿著白繒的輕衣，凌風飄然，身上、頭冠、瓔珞莊嚴，乘著金色孔雀王，雙腿結跏趺坐，坐在白蓮華或青蓮華之上。他的相貌慈悲，一般常見的像具有四臂，右邊的第一手持著開敷的蓮華，象徵著敬愛；右第二手持著俱緣果，象徵著調伏；左邊的第一手當心持著吉祥果，象徵增益，左第二手持著孔雀尾象徵息災。當中白蓮座是表示攝取慈悲的本誓，而青蓮座則代表降伏之意，這樣的蓮座稱為孔雀座。

由孔雀明王尊形象中所顯露的意義，可知此尊具有敬愛、調伏、增益及息災四種妙德，能滿足一切的願望。

孔雀明王的法門，對於護國、息災、祈雨、除病延壽、安產等世間利益，都極有效驗。當然最重要的，還是以此尊作為出世間修行的依怙，使我們能圓滿智慧、慈悲的菩提，速成無上的佛果了。

佛母大孔雀明王尊的慈悲、威力與勝德，個人是深有感悟的。每憶起在修行歷程與人間因緣中，所受到的慈悲佑護，心中充滿了感恩。

慈悲的明王、無上的威力，孔雀明王以優雅的形象，慈藹可親的神色，自在跨騎在清靈詩意的孔雀上，這一幕幻麗莊嚴的情景，著實令人難忘。如果說忿怒的五大明王，是法界無雙的正義刀客，以叱咤風雲的威力護持著正義、正覺；而和祥的孔雀明王，則是法界中無比的優雅劍俠，羽扇綸巾、白衣翩翩，一出手、一投足，都具有廣大的慈悲威力。甚至身上的雀羽、蓮花，都能輕制伏敵，真是令人擊節驚嘆、服膺不已。

孔雀明王的最究竟密義，應是我們清淨的自性，即是孔雀尊的自身。我們的清淨自性，能夠袪除我們心念中的貪、瞋、痴、慢、疑等各種毒害，使我的心性完全清淨，讓我們的智慧，慈悲菩提圓滿，具足一切敬愛、調伏、增益及息災的妙用。也能廣大圓成，幫助所有眾生圓滿願望，得到幸福光明，並證得無上的佛果。

如果能夠如此體會孔雀明王的密義，並發掘我們內在清淨自性的孔雀明王，那麼我們不只能夠得到孔雀明王的慈悲護持，使我們世間的家庭、事業，如意圓滿，而最光明無上的吉祥勝果，也會迅疾的獲得了。

目錄

出版緣起 003
序 006
前言 013
第一章 孔雀明王勝法因緣 017
圓滿密伏的孔雀明王 017
孔雀明王的因緣 024
皈命佛、法、僧賢聖眾 034

第二章 修學孔雀明王的方法

(一)皈命 041
(二)發心 042
(三)觀空法界，自生佛母大孔雀明王 043
(四)供養 045
(五)觀法爾本尊 071
(六)再供養 074
(七)相互融攝 085
(八)五方佛灌頂 089
094

(九)孔雀明王讚 097
(十)密咒 100
(十一)懺悔 107
(十二)迴向 113
第三章 佛母孔雀明王行法 洪啟嵩 造 115
附 錄 佛母大金曜孔雀明王經 唐・不空 譯 137

前言

記得為了要修持孔雀明王法，我準備了一些孔雀翎毛，當時我的母親見了這些孔雀尾，她便提起孔雀的叫聲很好聽。我問她是如何知道此事呢？她回答說：我曾經告訴過她，孔雀明王的叫聲很好聽。

當時她並不知曉我要修持孔雀明王法，同時我則憶起孔雀明王的殊勝之處：當孔雀明王示現時，孔雀有時會預先發出美妙的音聲。這是修習此法的相應因緣。

孔雀明王在經典中則是以佛母的樣貌來示現，在因緣上是很特殊的。因為一般而言，明王都是以忿怒的樣貌來示現，而孔雀明王的尊像卻是和藹可親，形像優雅，一點都不像一般的忿怒明王。在密法當中，此尊是被定位為佛母，而不單只是一般的護法，所以此尊兼具了佛母與護法的兩種德性。我們可以依本尊法來修持孔雀明王，亦可祈願孔雀明王尊成為守護我們的護法。

依《孔雀明王經》記載：「**令我夜安，晝日亦安，一切時中，諸佛護念。**」這是修法之前的祈請，筆者認為這句話可以做為我們與孔雀明王之間的三昧耶誓句。

孔雀明王具有殊勝的德性、廣大的威德，能夠使我們夜安穩、日亦安穩，在一切時中為諸佛所護念加持而成就。所以祈請孔雀明王尊，在二六時中、生生世世中，永遠擁護我等。

令我夜安　晝日亦安　一切時中　諸佛護念

南無　佛母大孔雀明王

南無　孔雀明王經法

南無　孔雀經曼荼羅海會

讓我們一起進入殊勝的孔雀明王曼荼羅海會之中。

孔雀經曼荼羅

第一章　孔雀明王勝法因緣

圓滿密伏的孔雀明王

總持真句悲救門　密伏眾毒大佛母
法性密因大日尊　緣起大力能仁尊
無二無別等示現　依彼孔雀座王顯
如來密語金剛示　究竟圓滿等佛母

「總持真句悲救門」，在孔雀明王的經咒中記載著許多的真言，在此介紹比較簡單的持誦法。這些經咒、真言都是從大悲心中生起，為了救度眾生所產生的殊勝法門。

「密伏眾毒大佛母」，何謂密伏眾毒？一般來講，毒可分為兩種：一種是外毒，一種是我們自心的內毒。

外毒是指世間所有毒物：如毒蛇、毒龍乃至現在種種的毒品、農藥、毒氣等，而孔雀明王則具足能夠噉食這些外毒的強大威力。

另外是我們心內的毒：如貪、瞋、癡、慢、疑五毒，以五毒為根本，所引發的惡心、惡念、惡業等。而修持孔雀明王法，在世間的緣起意義是能夠降伏眾毒，而其究竟的密意則是要降伏我們心中的內毒。

所以我們練習在身、語、意當中安置孔雀明王尊，以降伏我們的內毒；但是我們仍然要了解：孔雀明王在我們體性當中本來具足，因為我們的自性本然清淨，只要體悟這清淨的自性，當然能夠療治一切由貪、瞋、癡、慢、疑五毒在身、語、意三業中所引生的眾病了。

因此我們自心的心毒，由口業所產生的毒，以及身體中所有的毒，由清淨自性所化現的三業五毒，孔雀明王尊都能將之一一噉食殆盡，圓滿密伏。

作者親繪的孔雀明王

這是此法的根本意旨。

長壽自在的孔雀明王法

在緣起世間中有生必有死，但是若是緣起條件不夠具足，我們如要被別人傷害而導致身亡的機會，也是相當不容易的，因為一個事件的發生，是需要很多因緣條件才能構成，假若我們沒有造作很多惡業，其實不容易被他人傷害而死亡。

所以當我們的肉體生命，因為因緣條件的緣故，必須終止時，也要能甘之如飴，因為有如是因、如是緣，才會有如是果。

然而生死的問題對於一個大修行人而言，只是平常之事，不會產生任何恚礙。但是，如果我們的修持境界還不夠，不能自在面對生死，此時壽命臨時終止，對我們的修行恐怕有很大的障礙，這可是個大問題，而且相當可惜。

所以我們要祈請壽命增長一點，就能夠有充足的時間來修行，讓覺性繼續增長圓滿，或甚至於此生當中當生成就，以這樣的緣起來修持孔雀明王的延壽法，就具有相當的意義。這是修習此法的外層意義。

當我們修持至很究竟的境界時，對於生死已能夠自在，視死亡為平常之事；但是萬一修行境界不夠，對於死亡還沒有把握無法自在，如果能祈請暫時不死，再延長一些壽命，繼續努力修行，至少修到能夠生死自在，這是多麼美好的事情。所以延長壽命對於中級修行人有很大的益處。

大修行人本來具足無量壽，有一種說法是要修得虹光身成就才能具足無量壽。我倒有不同的看法，其實本來就無死無生，何需無量壽呢？修得虹光身成就的人，不必然是得到完全解脫的境界，若是修得虹光身，下輩子是否仍然要投胎輪迴呢？所以，如果我們尚未證得無死無生的境界，修習孔雀明王法，對我們而言，應該具有相當的意義。

孔雀明王法具有延長壽命的功德，經中記載修習此法可以長壽自在，所以這個法門，也具足了在世間緣起上的積極意義。在出世間上，可以幫助我們得到圓滿的智慧，並積極降伏所有的眾毒煩惱；而在世間中，除了讓我們身心康健得利之外，更能到達長壽自在的境界。

我們修持此孔雀明王法，不只是具足了緣起上的殊勝意義，更要深切明解，孔雀明王在我們的體性當中已經具足。

假若我們能了悟在體性當中，已圓滿具足孔雀明王，那麼在我們的身口意當中，孔雀明王必然每天會幫助我們清除自身血液中的毒素，清除心中的毒份，清除我們的忿怒，清除我們的貪心，使我們的身語意三業不斷地淨化，而使五毒不會胡亂生起作用。所以此法是密伏眾毒的殊勝法門。

我們要了悟孔雀明
王在我們的體性中
已具足

孔雀明王的因緣

接著我們來看孔雀明王的因緣：此尊的法性密因是來自於大日如來，在此傳承中，此尊是大日如來的體性化現；但是除了大日如來的化現外，在經典中顯示：此尊亦是釋迦牟尼佛的化現。

因為在《佛母大孔雀明王經》中記載：久遠以前，釋迦牟尼佛曾經成為孔雀明王——金曜孔雀王，他每天晨朝常讀誦佛母大孔雀明王羅陀尼：「**晝必安穩，暮時讀誦，夜必安穩。**」

有一天金曜孔雀王，忘記讀誦此陀羅尼，和眾多孔雀小姐來到遠地山中一起遊戲，後來昏迷在洞穴之中。捕獵的冤家獵人躲在一旁伺機而動，便抓走孔雀王了。當他被縛綁的時候，才憶起正念誦持佛母大孔雀明王陀羅尼，於是解脫繫縛，平安無事地逃走了。

在法性密因上孔雀明王是大日如來的化現

在經典中顯示孔雀明王亦是釋迦牟尼佛的化現

由於這個因緣，孔雀明王也可以稱為釋迦牟尼佛的化身。所以我們修持此法時，在虛空的壇城上面，傳承的畫像可以是：大日如來與釋迦牟尼佛。「無二無別等示現」，依彼孔雀座王顯」，在五方佛裡面，孔雀座是代表阿彌陀佛，由此也可以了解，孔雀明王亦是阿彌陀佛的化現。「如來密語金剛示，究竟圓滿等佛母」，阿彌陀佛是一切如來密語金剛所示現。

由上可以了解，佛母大孔雀明王是由大日如來、釋迦牟尼佛、阿彌陀佛三尊究竟圓滿的示現。

修持孔雀明王的功德利益

能噉世間一切毒　乃至心毒五毒眾

恐怖惱亂及災障　疾病變怪魔障等

在五方佛中，孔雀座代表阿彌陀佛，所以孔雀明王亦是阿彌陀佛的化現

行者不受水火災　惡毒刀杖王賊害
一切苦難悉消散　人天鬼神不違越
福德增長壽延長　富貴自在得大勢
於諸佛法不退轉　圓滿成就大菩提
佛母大孔雀明王　真言究竟難思議
如是勝法極究竟　大悲心王所宣說

「能噉世間一切毒，乃至心毒五毒眾，恐怖惱亂及災障，疾病變怪魔障等」，孔雀明王尊除了能噉食世間一切眾毒外，最主要是噉食我們自心的心毒與五毒，還有我們的恐怖與災障、疾病、魔擾等，都可依孔雀明王的殊勝因緣，將之一一噉食殆盡。

「行者不受水火災，惡毒刀杖王賊害，一切苦難悉消散，人天鬼神不違越」，修習此法時，行者不受水災、火災，五毒的災害、惡毒、刀杖、王賊傷害等，一切苦難皆悉化解去除。修習此法能使我們具足如此的德性與功德，而且人天鬼神、天龍八部、夜叉眾、空行眾等也都不會違越。

「福德增長壽延長，富貴自在得大勢，於諸佛法不退轉，圓滿成就大菩提」，修習此法不僅能有前面所述的功德，我們的福德也會不斷地增長，壽命延長而且富貴自在獲得大權勢。對於佛法我們都能夠不退轉，而終究圓滿成就廣大的菩提。

「佛母大孔雀明王，真言究竟難思議，如是勝法極究竟，大悲心王所宣說」。佛母大孔雀明王的真言是究竟不可思議，如此殊勝極為究竟的法門，是由大悲心王釋迦牟尼佛所宣說。

宣說孔雀明王的因緣

緣彼釋尊賜加持　　密伏眾毒大救護

法身示現大佛母　孔雀明王依怙主
如子有順大悲行　依力用慈能救度
體性如來不二佛　相應瑜伽大密主

「緣彼釋尊賜加持，密伏眾毒大救護」，緣由於釋迦牟尼佛的甚深加持，在此因緣中宣說密伏眾毒、廣大救護的孔雀明王勝法。

「法身示現大佛母，孔雀明王依怙主，如子有順大悲行，依力用慈能救度」，由法身所示現的大佛母孔雀明王依怙之主，如果依「佛母」的意義而言：佛母是為一切成就、一切諸佛之母。所以我們要修持圓滿成佛，必須能如子般地隨順他的大悲密行，依其不可思議的加持力，而用慈心來廣大救度。

「體性如來不二佛，相應瑜伽大密主」，對於最廣大救度的究竟意義是：我們自身的體性是與如來平等不二，眾生與一切諸佛同等不二。

我們的體性與孔雀
明王無二無別

在這樣的見地裡，最重要的是：我們是否能夠認取這究竟的意義。如果認取這究竟意義，我們就與諸佛平等不二，然後以此究竟的力量，來實現證得這圓滿的境界，能成就相應的瑜伽。這相應的瑜伽即是「入我我入」，於是我們即是孔雀明王，孔雀明王即是我們，而成就究竟的大密主。

總持心要能明王　如法現前而宣說
大悲心王大佛母　能伏眾毒心體性
依此秘要如法位　大孔雀尊持明王
能賜眾福伏毒母　現成交付有緣眾

「總持心要能明王，如法現前而宣說」，總持孔雀明王的大悲心要，能夠成就孔雀明王世尊，如法現前而宣說這秘密的法要。

「大悲心王大佛母，能伏眾毒心體性，依此秘要如法位，大孔雀尊持明王，能賜眾福伏毒母，現成交付有緣眾」。大悲心王大佛母孔雀明王，以能夠降伏一切眾生的眾毒，以一切眾生心的體性，依此秘要修行而如法安住法位。這大孔雀明王尊不只能伏毒，亦能賜眾福給予眾生，依此現前交付給有緣的大眾。

皈命佛、法、僧賢聖眾

禮敬佛母大孔雀明王

禮敬法界體性佛　清淨法身大日尊
密語金剛阿彌陀　最勝圓滿釋迦尊
依彼如來大有力　廣大成就破有壞
金剛摧碎伏毒王　佛母大孔雀明王

「禮敬法界體性佛，清淨法身大日尊，密語金剛阿彌陀，最勝圓滿釋迦尊」，這是皈命諸佛、孔雀尊等佛寶。

禮敬法界體性佛，是禮敬清淨法身的大日如來尊、密語金剛的阿彌陀佛、最勝圓滿的釋迦牟尼佛。

在此特別說明：我們不要只將釋迦尊當成化身佛，釋迦牟尼佛是圓具法、報、化三身的力量。在這緣起的示現中，孔雀明王特別圓具了法身大日如來、報身阿彌陀佛的威德及圓滿釋迦牟尼佛三尊的威力。

「依彼如來大有力，廣大成就破有壞，金剛摧碎伏毒王，佛母大孔雀明王」，依彼如來廣大的威德力量，摧碎一切眾生無明五毒，廣大成就如同金剛一般能摧碎一切的伏毒至尊——佛母大孔雀明王。這是皈命佛寶。

皈命禮敬孔雀明王法

禮敬勝妙密因緣　伏毒究竟孔雀經

能救眾生賜福德　乃至成佛菩提法

統攝藥叉大明咒　一切護法鬼神眾

究竟安樂圓滿法　體上密證最無上

「禮敬勝妙密因緣，伏毒究竟孔雀經，能救眾生賜福德，乃至成佛菩提法」，禮敬勝妙密因緣和伏毒究竟的《孔雀明王經》，這能夠廣大救護眾生、廣賜福德、乃至究竟成佛的菩提法門。

「統攝藥叉大明咒，一切護法鬼神眾，究竟安樂圓滿法，體上密證最無上」，要注意這孔雀明王咒是能統攝藥叉的大明咒。當我們如法持誦孔雀明王咒時，一切護法鬼神眾都會聽命於我等。這是究竟安樂圓滿的法門，我們要體性上秘密得證，才是究竟無上的禮敬。這是皈命法寶。

皈命如法聖眾

禮敬孔雀王壇城　佛母秘密曼荼羅

孔雀經曼荼羅

如來福聚所加護　悲智性中緣起現
能成有力大密主　不壞金剛如來輪
度眾究竟無退轉　如法聖眾最究竟
大孔雀王勝三寶　所禮能禮空寂性
法性緣生大密用　如禮究竟圓佛母

「禮敬孔雀王壇城」，在孔雀明王的壇城中，有七佛、四聲聞、四緣覺，乃至一切金剛護法，中間是孔雀明王。七佛從毗婆尸如來至釋迦牟尼佛及慈氏菩薩等。這壇城只是簡單的代表畫像，其實當虛空壇城顯現之時，示現的是如雲如海的壇城大眾。

「佛母秘密曼荼羅，如來福聚所加護，悲智性中緣起現」，這孔雀明王大佛母秘密的曼荼羅，是由諸佛如來的福德聚集所加持擁護，從悲智的體性中緣起而示現。

「能成有力大密主，不壞金剛如來輪，度眾究竟無退轉，如法聖眾最究竟」，能夠成就有力的大秘密主，孔雀明王如同不壞的金剛，轉動著如來大法之輪；如法修持的究竟聖眾，能如孔雀明王般廣度眾生，於究竟的境界而無退轉。

「大孔雀王勝三寶，所禮能禮空寂性，法性緣生大密用，如禮究竟圓佛母」。這大孔雀明王的殊勝三寶，我們所禮敬的與能禮敬的都是空寂的體性，由法性與緣生二者交互作用，而現起不可思議的密用。

我們現在如實禮敬於究竟的孔雀明王尊，事實上就是我們要圓滿成就大佛母孔雀明王。

第二章 修學孔雀明王的方法

孔雀明王尊可稱為佛母金剛，又稱為護世金剛，這兩個名稱都是孔雀明王的密號，由其名號我們可認識其緣起的意義。

現在，我們開始次第觀想修法。

(一)皈命

南無　佛母大孔雀明王

南無　孔雀明王經法

南無　孔雀經曼荼羅海會賢聖眾

首先我們皈命佛母大孔雀明王、孔雀明王經法、孔雀經曼荼羅海會賢聖眾，然後觀想進入孔雀明王的大曼荼羅中。接著是發心。

(二)發心

慈悲喜捨四無量　體性無生自無量
無滅現空圓頓心　遍照光明自圓滿
眾生全佛大菩提　相續無間無退轉
大悲發心密行者　孔雀明王永密護

「慈悲喜捨四無量，體性無生自無量，無滅現空圓頓心，遍照光明自圓滿」，我們發起慈、悲、喜、捨四無量心，此四種廣大利益眾生的心，我們要再次體悟：只有安住在體性本無生之中，才能證得「無量」。

所以「無量」現前即是無滅現空的圓頓菩提心。圓頓菩提心即是毘盧遮那如來的法性之心，他是遍照法界光明、在在處處則為光明、則為如來，則為體性，而一切自在圓滿。

在這樣的體悟當中，「眾生全佛大菩提，相續無間無退轉」，一切眾生圓滿全佛而成證廣大菩提，相續無間而永無退轉於此究竟境界中。

「大悲發心密行者，孔雀明王永密護」，我們是大悲發心的密行者，而孔雀明王將永遠密護我等，也希望我們成就殊勝的孔雀明王尊。

㈢觀空法界，自生佛母大孔雀明王

觀空

法界頓空示平等　明空菩提赤裸顯
大悲總持金剛定　法爾現成菩提心

如何觀空法界呢？

「法界頓空示平等」，在頓然之間，我們切斷自己所有的妄想、塵勞，所有過去、現在、未來的三心，在當下一念齊斷，所有萬念頓斷。本來就沒有自他的分別時，哪裡還有無明妄想可得呢！

所以「法界頓空」是本來空、本然空、是現成空，是平等空，是究竟空，是第一義空，是無可得空，所以現前無可得故，法界頓空。

「明空菩提赤裸現」，在頓空當中，光明空性的菩提赤裸顯現生成。「明空菩提」即是圓頓菩提心，即是毘盧遮那如來之心，即是法性之心。菩提心在明空法界中赤裸顯現，寸絲不掛密明燦然地顯現。

「大悲總持金剛定，法爾現成菩提心」，但是這樣明空菩提赤裸的顯現當中，只有「大悲總持」能使我們獲得究竟的境界而任運安住；只有由大悲所總持的金剛定，才能夠使我們證得圓滿究竟的境界。

如果偏於定，沒有大悲總持，我們就會偏離菩提心，如此便不能稱之為圓滿的菩提心或是圓滿的定境。

如果我們無法自在生起現前明空菩提心，也就是說我們沒有辦法到達無間圓滿的境界。

所以「大悲」是總持金剛定中最重要的力量，如此才能圓滿現成法爾的菩提心。

緣起

法身如來大日尊　　體性釋尊所湧現
佛母大孔雀明王　　次第現觀如現成

「法身如來大日尊」，由赤裸裸的法性、明空菩提、法界頓空當中，我們在常寂光法界中自在任運安住，即是法身如來大日尊。

「體性釋尊所湧現，佛母大孔雀明王，次第現觀如現成」，在體性中，由釋迦牟尼佛的悲心所湧現——佛母大孔雀明王。我們依次第現觀，就如實現前成就，這「次第現觀如現成」很重要，聞觀即頓然成就，這一點要如實體悟。

成金剛心

如心月輪法性體　圓滿堅固益明顯
現觀心中顯阿字　轉成圓滿心月輪
輪上顯現赫利字　化成八葉妙寶蓮
蓮上如實現鑁字　示現光明孔雀尾
上現半月體性輪

誦：唵　底瑟姹　母馱
Oṃ　tiṣṭha　buddha

「如心月輪法性體，圓滿堅固益明顯」，現在我們猝然頓空，觀想胸間現起月輪，是如心的月輪。此「如心」之意是如法性、如圓頓的菩提心；如心的圓滿月輪是如法身、如法性體清淨的現起。而此心月輪愈來愈明顯堅固，如十五日的月圓掛於心中。觀想愈清楚愈好。

再來「現觀心中顯阿字，轉成圓滿心月輪」，在心月輪中現起了本不生的阿 𑖀 字，再由本不生的阿 𑖀 字轉成圓滿的心月輪。之前的月輪是初觀，現在是於無生體性中現觀的心月輪。

「輪上顯現赫利字，化成八葉妙寶蓮」，由無生體性的心月輪上顯現一個赫利 𑖮𑖿𑖨𑖱𑖾 字，心月輪上的赫利 𑖮𑖿𑖨𑖱𑖾 字，再轉化成八葉的妙寶蓮花。

「蓮上如實現鑁字，示現光明孔雀尾，上現半月體性輪」，妙寶蓮花上面如實現起鑁 𑖪𑖽 字，這鑁字是水大種子字，即是大智海、法乳、大法乳海，是大智水，是法界智水，鑁 𑖪𑖽 字也是大日如來的體性。

接著鑁 𑖪𑖽 字示現光明化成孔雀尾，孔雀尾上面現起了體性的半月輪。觀想清楚，儘可能觀成立體的，若是沒有辦法則觀為平面。然後誦咒：

唵　底瑟姹　母馱

Oṃ　tiṣṭha　buddha

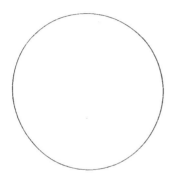

成金剛心(一)

1. 觀想心胸間現起了如心的月輪

2. 觀想心月輪中現起本不生的阿字

成金剛心(二)

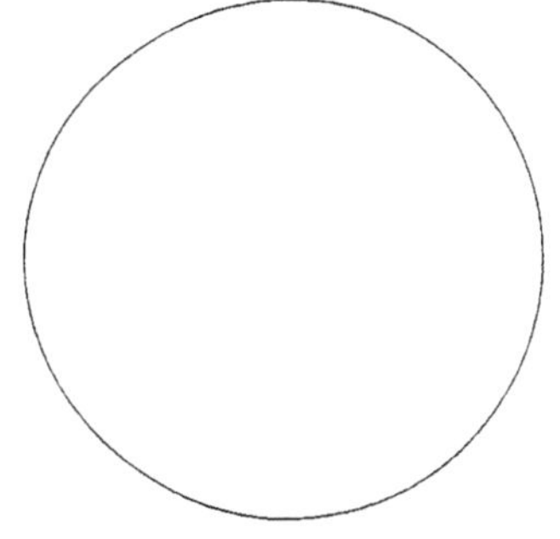

3. 由阿字再轉為無生體性中現觀的心月輪

4. 無生體性的心月輪上顯現赫利字

成金剛心(三)

5. 心月輪上的赫利字轉化成八葉蓮花

6. 蓮花上現起鑁字

成金剛心(四)

7. 鑁字示現光明化成孔雀尾

8. 孔雀尾上現起了體性的半月輪

廣金剛

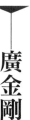

「廣金剛」即是廣觀的修法。以我們的心月輪、心的體性廣觀至遍及法界，這就是廣金剛。

「斂金剛」即是斂觀的修法。精勤修習廣金剛與斂金剛的方法，可以破除我們心中「相對性」的概念與執著。

在密教的修法中，是以菩提心的理念為出發，從理念轉為實質之相的修法，就是從無相的菩提心，轉成為有相的圓滿月輪，這已不是普通我們所觀想的月輪，而是由特別殊勝的金剛心轉化而成的月輪。

這已經是由抽象轉成具象的修法成就，不僅能在實質上面運用，而且能夠顯現有力作用，這是有相瑜伽的作用。

所以從金剛心中轉化成月輪，而以修習月輪的廣觀與斂觀，來破除我們在相上的障礙。以下我們開始廣金剛的修法。

淨月輪上孔雀尾　　半月漸舒次第長
廣大遍滿圓法界　　利益安樂眾有情
誦：唵　娑頗羅　馬馱
Oṃ　sphara　buddha

在廣觀練習的時候，心態上要注意：「利益安樂眾有情。」所以很明顯的，這不只是淨月輪的觀想練習，在月輪觀之前，一定要具有金剛心——金剛不壞的菩提心。再次強調的是：如果沒有對空性的了解與體悟，月輪觀的修法與普通的想像並沒有太大的差別。

如同本尊觀，這月輪也可稱為本尊。所以當我們修習本尊觀之前，倘若沒有空三摩地的基礎，這本尊觀是無法觀想成就的；更重要的是：沒有具足菩提心，也無法成就本尊觀的。

「淨月輪上孔雀尾，半月漸舒次第長，廣大遍滿圓法界」，淨月輪上現起孔雀尾，孔雀尾上現起半月，這半月漸漸廣大，次第增長，廣大而遍滿圓成法界。

我們開始廣觀的練習：

觀想孔雀尾上的半月，變成跟我們自身一樣大，再觀想其慢慢變大，變成與房子一樣大，然後像大樓一樣大，像一座公園、社區一樣大，然後再漸近廣大像你所居住的城市一樣大，與你的國家一樣大，像亞洲一樣大，與地球一樣大，像太陽系一樣大，像銀河系一樣大，與整個三千大千世界一樣大，乃至無量無邊的世界、遍法界、虛空界、圓滿無邊無盡的廣大。

「利益安樂眾有情」，在廣大遍滿法界的修持過程當中，我們同時要利益安樂眾有情，讓有情眾生在我們廣觀的修法裡，得到究竟的利益安樂與加持。

然後誦真言：

唵　娑頗羅　馬馱

Oṃ　sphara　buddha

廣金剛的修法

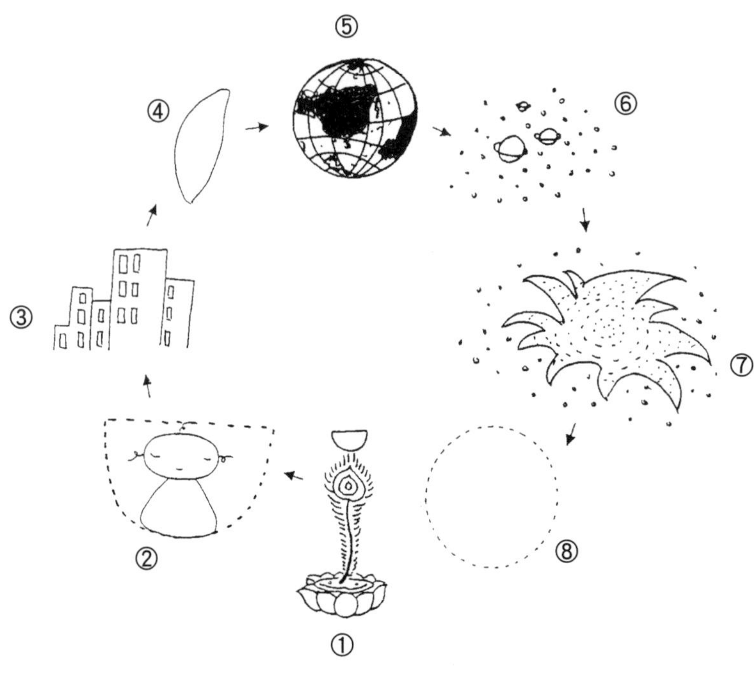

觀想次第

斂金剛

尾上半月形漸斂　漸小如密還本然

誦：唵　僧賀羅　馬馱

Oṃ　saṃhara　buddha

前面是廣金剛的練習，接著練習斂金剛。

「尾上半月形漸斂，漸小如密還本然」，從無邊無際的法界當中，現在尾上半月形開始變小了，變成銀河系，變成太陽系，變成地球、亞洲、國、城市、公園、大樓、房子、房間、四尺、三尺、兩尺、一尺、半尺、一吋、一拇指、一小指、一點、一滴……，最後入於最究竟、最祕密、最微細的一點，這是惟一秘密明點。然後再從這最微細的惟一秘密明點，回復到原來大小的半月形。

斂金剛的修法

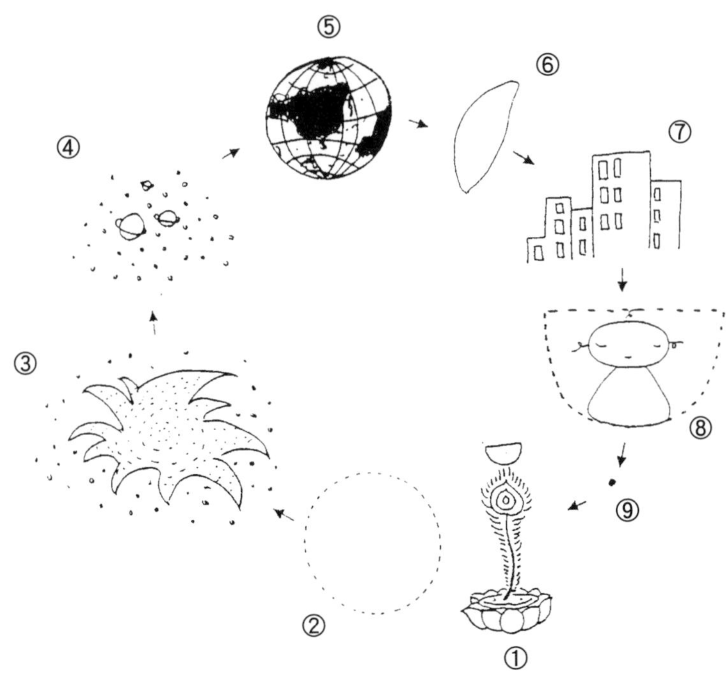

觀想次第

誦咒：**唵　僧賀羅　馬馱**

Oṃ　samhara　buddha

證金剛身

自心孔雀尾半月　法界遍佛入自身

如鏡相映攝萬相　圓滿安住法界身

誦咒：**母馱　但摩句含**

buddha　tmakoĥam

「自心孔雀尾半月，法界遍佛入自身」，我們現在觀想自心孔雀尾的半月，彈指間，一切法性諸佛全部攝入這半月之中。

「如鏡相映攝萬相，圓滿安住法界身」，就如同海印三昧的境界一樣，

證金剛

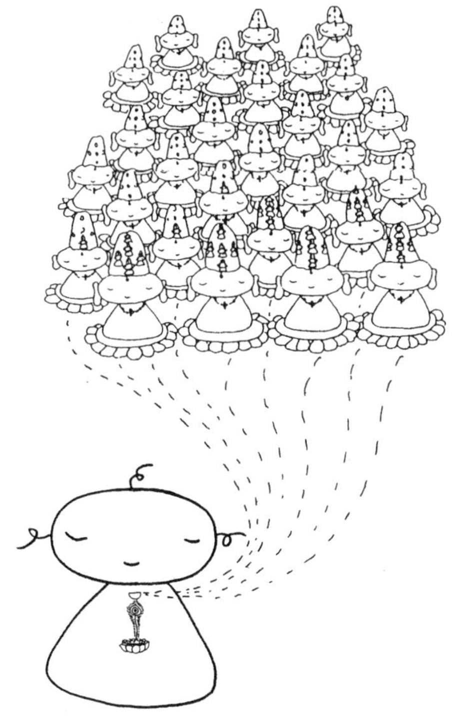

觀想法界諸佛全部
攝入於自心孔雀尾
上的半月

如鏡相映能夠攝一切法界萬相，自身圓滿安住於法界身當中。

觀想練習：

觀想自心孔雀尾上面的半月，法界諸佛全部都攝入於這個半月輪當中，心像摩尼寶鏡一樣能夠映攝法界萬相，現在自身圓滿安住於法界身當中。

誦咒：**母馱　但摩句含**

buddha　tmakoĥam

身圓滿

孔雀尾現大佛母　　安坐金色孔雀王
其上白色妙蓮花　　孔雀明王五佛冠
安住跏趺慈悲相　　四臂圓具四法要
右手第一執寶蓮　　右二手持俱緣果

身圓滿

觀想孔雀尾現起成
為孔雀明王大佛母

左一心持吉祥果　左二現執孔雀尾

誦咒：唵　野他　薩縛怛他誐多薩　怛他含

Oṃ yathā sarva-tathāgatās tāthāĥam

「孔雀尾現大佛母，安坐金色孔雀王，其上白色妙蓮花，孔雀明王五佛冠，安住跏趺慈悲相，四臂圓具四法要」，在身圓滿的觀法中，我們觀想孔雀尾現起成為孔雀明王大佛母，安坐在金色孔雀王上面，在金色孔雀王上面有白色的妙寶蓮花，而孔雀明王頂戴五佛寶冠。他以金剛跏趺坐安住，顯現慈悲和藹的面相，他具有四隻手臂，分別代表息、增、壞、誅四種法，四隻手臂表示他圓具四法。

「右手第一執寶蓮，右二手持俱緣果」，右第一隻手持著大悲開敷妙寶蓮花，寶蓮花代表慈悲敬愛。右第二手持俱緣果，俱緣果有時是指柚子，通常表增益法，有時表調伏法，但在此是表增益法，能夠具足眾緣。

胎藏界二臂孔雀明王像

▼四種法

四種法又名為四種壇法、四種成就法、四種護摩，即密法中的息災法、增益法、敬愛法、降伏法等四種。

息災法是滅息自身與他人種種病難惡事的修法。

增益法是增益自身及他人的壽命、福德智慧的法門。

敬愛法為自身及他人欲得佛菩薩加被，或欲得眾人愛護的護摩法。

降伏法為調伏自身和他人一切煩惱業，及其怨敵惡人等的護摩法。

「左一心持吉祥果，左二現執孔雀尾」，左第一手當心持吉祥果，表調伏作用。左第二手執孔雀尾，表息災。

這是孔雀明王通常的形象，另外還有三尊不同的形象。

一是胎藏界曼荼羅的孔雀明王，兩隻手臂，左手拿蓮花，右手拿孔雀尾，坐於蓮花座上。

另外，在西藏密教中，孔雀明王的形象是三面八臂，此尊不乘坐孔雀，而是坐於蓮花座上。

三面八臂孔雀明王像

還有一尊比較祕密的孔雀明王是六臂像，其四臂與四臂孔雀明王持物相同，右三手持月輪，左三手持梵篋。

觀想練習

我們觀想從孔雀尾現起大佛身，安坐在金色孔雀王上面。現在自身現起孔雀明王，坐在一隻金色的孔雀王上，孔雀王座上面有白色的蓮花，頭上頂戴著五佛冠。五佛冠代表五智，五佛冠有很多形式，亦可觀想頂上安住五尊佛。

孔雀明王安住在金剛跏趺坐，具足慈悲的相貌。四隻手臂具足息、增、懷、誅四種法。

右邊的第一隻手持寶蓮花，第二隻手拿著俱緣果，就像柚子一般的水果；左手仰掌在前面，持著吉祥果，左二手拿著孔雀尾。寶蓮花是代表大悲敬愛，具緣果是代表增益，吉祥果是代表調伏，孔雀尾是表示息災，表能伏去所有的災難、障礙。

然後誦咒：

唵　野他　薩縛怛他誐多薩　怛他含

Oṃ　yathā　sarva-tathāgatās　tathāham

這是身圓滿的修習，我們現在的身即是孔雀明王，所以我們要敬重愛護自身，因為我們自身即是孔雀明王。

諸佛加持

自成佛母孔雀王　　諸佛如來自加持
無量法界眷屬眾　　現前圍繞於我身

誦咒：**唵　薩嚩　怛他誐多　避三冒地**

Oṃ sarva tathāgatā bhisam-bodhi

涅哩荼 嚩日羅 地瑟姹

ḍrḍh vajra tiṣṭha

「自成佛母孔雀王，諸佛如來自加持」，現在我們成就佛身為孔雀明王，十方諸佛如來如雪花般地加持我們。

「無量法界眷屬眾，現前圍繞於我身」，我們現在周遭是無量法界眷屬眾，如雲如雨般地現前圍繞著我們。我們合掌誦咒：

唵 薩嚩 怛他誐多 避三冒地

Oṃ sarva tathāgatā bhisam-bodhi

涅哩荼 嚩日羅 地瑟地瑟姹

ḍrḍh vajra tiṣṭha

這是諸佛加持。

(四)供養

外層供養

外供身器界　外顯諸法界
無我全獻供　無著娑婆訶

雙手合掌放於頂上，念供養咒：「嗡嗡嗡嗡嗡嗡嗡……」（廿一遍），心中觀想無量供品，將法界一切供養孔雀明王。

內層供養

內供無住心　意識秘密語
無為全獻供　寂滅娑婆訶

密層供養

密供勝甘露　心現孔雀王
大悲空智乳　全供娑婆訶

法性供養

圓頓法界體　誰爾不成佛
如體性隨護　全佛娑婆訶

在法性供養中的「如體性隨護」，是如法界體性、亦如吾等之體性而來隨護吾等。這是供養自身本尊，再來觀法爾本尊。

(五)觀法爾本尊

自觀頂上白嗡字　喉間紅阿胸藍吽
吽字放光照法界　迎請法爾孔雀王
如實莊嚴示究竟　如實密示三昧耶
虛空法界現瑜字　現成金色孔雀王
其上圓滿白蓮座　白蓮花上現鑁字
化成燦爛孔雀尾　尾上半月并滿月
現成大孔雀佛母　安住慈悲示本然
七佛慈氏四獨覺　四大聲聞八天王
二十八部大夜叉　諸鬼祈眾并宿曜
十二宮神等圍繞

「自觀頂上白嗡字，喉間紅阿胸藍吽，吽字放光照法界，迎請法爾孔雀王」，我們自觀頂上白色嗡字，喉間紅色阿字，胸間心輪藍色吽字。嗡阿吽三字都放出光明，就像摩尼寶一樣自由地放光。現在吽字從心輪放出光明，光明遍照於法界，吽字放光迎請法爾孔雀明王尊。由於我們自身本尊已修得成就，現在迎請法界壇城中的孔雀明王。

「如實莊嚴示究竟，如實密示三昧耶」，如實莊嚴地示現究竟的身相，如實地示現孔雀明王的三昧耶。

「虛空法界現瑜字，現成金色孔雀王，其上圓滿白蓮座」，在虛空法界現起了瑜字，這瑜字現成金色的孔雀王。金色孔雀王上有圓滿白色蓮花座，這觀想的次第是從瑜字開始現起。孔雀明王有三個種字，分別是瑜（yu）字、鑁（Van）字、摩（ma）字。

「白蓮花上現鑁字，化成燦爛孔雀尾，尾上半月并滿月，現成大孔雀佛母，安住慈悲示本然」，白色蓮花座現起鑁字，然後鑁字化成燦爛的孔雀尾，孔雀尾上是一個半月和一個滿月。這與自身本尊觀不同，在自身本尊觀時是孔雀尾上有半月，而在法爾本尊觀是半月上再加滿月。然後轉成大孔雀佛母，同樣是安住於慈悲而示現本然。

「七佛慈氏四獨覺，四大聲聞八天王，二十八部大夜叉，諸鬼祈眾并宿曜，十二宮神等圍繞」。在壇城上，中尊是孔雀明王本尊，再來是七佛，七佛是指毘缽尸如來、尸棄佛世尊、毘舍浮如來、拘留孫如來、羯諾迦大師、迦葉波善逝、釋迦牟尼佛；慈氏即彌勒菩薩，有時示現佛身相，有時示現菩薩相，再來是四獨覺、四大聲聞、八天王、二十八部大夜叉眾，諸鬼神象和宿曜，還有十二宮神圍繞。

在經典的記載中，很多十二宮神是十二星座，這十二宮就是十二個月，為星曜、宿曜之神，這是黃道十二宮。

如鬼神眾、龍王眾，通常我們看到壇城上所畫的，只是少部分而已。

孔雀明王是釋迦牟尼佛示現大悲身，來統領一切鬼神眾，而他所示現的是特別具有大威力，同時卻又具有慈悲祥和的相貌，這是很特殊的化現。

當我們本尊觀成就時，孔雀明王具有很大的降伏力，所有的鬼神都會聽命於我們。以前孔雀明王的法門在日本、中國的弘法因緣都很好，但是現在很可惜，很多的修法都消失、流失了。希望藉由修持此法，孔雀明王能慈悲我們，再來護持我們漢地的眾生。

觀想練習：

觀想嗡阿吽三字，嗡白，阿紅，吽藍；吽字放光照法界，迎請法爾的孔雀明王，孔雀明王示現三昧耶。然後瑜字開始轉成金色的孔雀王，孔雀王座上面坐的是白色蓮花座，蓮花上現鑁字，鑁字化成燦爛的孔雀尾，孔雀尾上是半月并滿月，半月并滿月的三昧耶，轉成孔雀王佛母，他安住慈悲示現本然。其周遭是七佛慈氏、四獨覺、四大聲聞八天王、二十八部大夜叉，一切諸鬼神眾諸天星曜，希望大家慢慢觀想、仔細思惟，觀想專注明白時，會忽然看到虛空非常明亮，而一切壇城眷屬都看

觀法爾本尊(一)

1. 自觀頂上白嗡字，喉間紅阿字，胸間藍吽字

2. 吽字放光照法界迎請法爾孔雀明王尊

觀法爾本尊(二)

3. 在虛空法界現起（瑜）ᖰ字

4. （瑜）ᖰ字現成金色孔雀王

觀法爾本尊(三)

5. 金色孔雀王上有白色蓮花座

6. 白蓮花座上現起（鑁）𑖪𑖽字

觀法爾本尊(四)

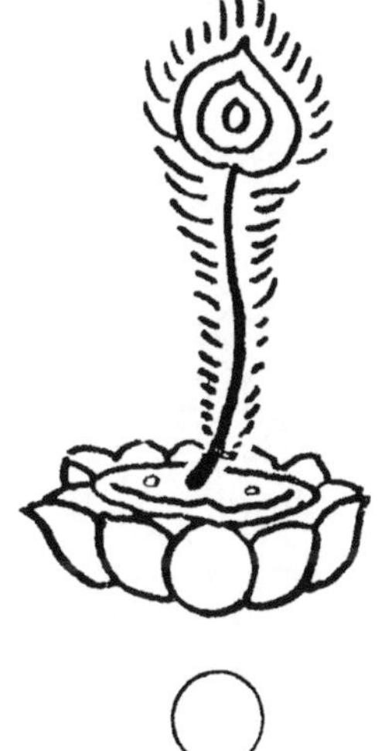

7.（鑁）字化成燦爛的孔雀尾

8. 孔雀尾上有一個半月和一個滿月

觀法爾本尊(五)

9. 由上步驟再轉成大孔雀佛母

孔雀經曼荼羅

得清楚明白。

再來念誦本誓三昧耶：

令我夜安　晝日亦安
一切時中　諸佛護念
大悲行者　祈尊擁護
直至成佛　安住吉祥

念完三昧耶誓句，心中是否感到很歡喜呢？孔雀明王就如此加持我們了。我們與他之間已經有三昧耶誓句了，我們心中會自然生起無量無邊的歡喜，愈來愈歡喜，心中很輕安的感覺。

㈥再供養

普供（廣大不空摩尼供）

嗡　阿慕迦　布惹　摩尼　跛納摩　縛日隸

Oṃ amogha puja mani-padma vajre

怛他蘗多　尾路枳帝　三滿多　缽羅薩羅　吽

tāthagata-vilokite samnnta-prasara hūm

皈命不空供養寶珠蓮　廣大金剛如來觀普界

無界無邊微塵廣大數　供養雲海法爾自流出

法界道場普遍諸海會　一切聖眾無盡皆供養
特別佛母孔雀明王尊　法爾成佛無盡遍法界
濟度眾生永無間斷時　無量威力自在賜行者
二利行願圓滿大成就　眾生全佛究竟大供養

四層供養

■外層供養

外供身器界　外顯諸法界
無我全獻供　無著娑婆訶
嗡、嗡、嗡……（廿一稱）

■內層供養

內供無住心　意識秘密語
無為全獻供　寂滅娑婆訶

■密層供養

密供勝甘露　心現孔雀王
大悲空智乳　全供娑婆訶

■法性供養

圓頓法界體　誰爾不成佛
如體性隨護　全佛娑婆訶

供養時我們要依照偈頌如實觀想。

在供養完之後，現在我們看法界一切眾生都是孔雀明王，如此供養才算圓滿完成。所以真正的供養即是：眾生全佛。眾生全佛才是究竟大供養。

前面修習對生本尊的法爾的孔雀明王和自生本尊的孔雀明王，再來我們開始修習二者「相互融攝」的觀法，念偈頌同時要仔細觀想。

(七)相互融攝

般若法身三昧耶　入我我入一合相
惹吽鑁霍圓相攝　無二本然孔雀尊

「般若法身三昧耶，入我我入一合相」，我們的三昧耶身與孔雀明王的般若法身現在就要相應融攝。

在這緣起世間中，我們自身現起孔雀明王，在世間中代表孔雀明王來行道。而圓滿般若法身在虛空中，現在法爾的孔雀明王入我們的身、語、意，這是「入我」；同時我們也入法爾孔雀明王的身、語、意，這是「我入」，原來後得與本有的孔雀明王，二者平等無二，二者變成一合相。

這是本證妙修之旨，這「本證妙修」是禪宗曹洞宗的心體，這是道源禪師的心法，這心法就運用於此。

修持「入我我入」，則法界整個是大孔雀明王，而我們自身也是大孔雀明王，法界一切整個相應為一合相。

「惹吽鑁霍圓相攝，無二本然孔雀尊」，再來我們念四攝咒：「**惹**、**吽**、**鑁**、**霍**」，這個咒亦可稱為四大明。這四個字的意義是二者相互勾召、相互攝入、融攝，是整個相應結合為一體。念完四大明，我們就圓滿相攝，我們就是無二本然的孔雀明王尊。

相互融攝(一)

法爾孔雀明王入我們的身、語、意，這是「入我」

相互融攝(二)

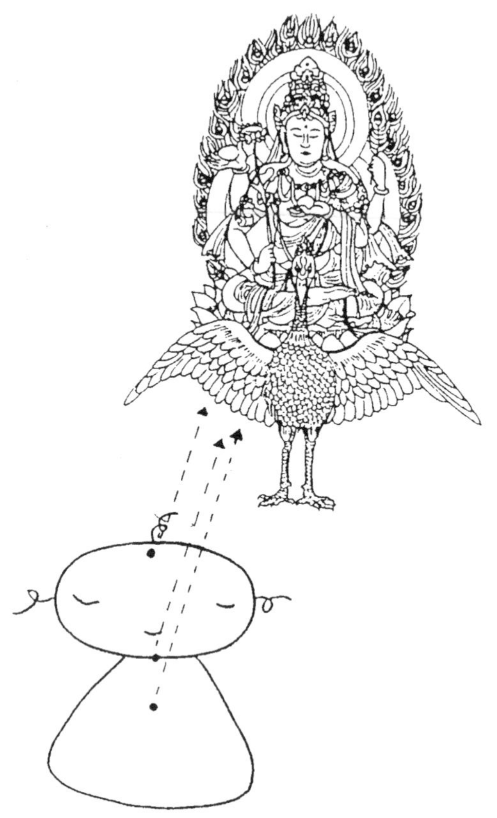

我們入法爾孔雀明王的身、語、意，是「我入」

相互融攝(三)

念完四大明，我們成就無二本然的孔雀明王尊

(八)五方佛灌頂

現觀五佛大灌頂　圓成法爾大明王
光明燄生眾調伏　如實大力大至尊

「現觀五佛大灌頂，圓成法爾大明王」，五佛灌頂即是我們本有五智要現起、成就。

我們要觀想五方佛：中央毘盧遮那如來，東方阿閦佛、南方寶生佛、西方阿彌陀佛、北方不空成就佛。五方佛示現安住於我們頂上，現在五方佛給我們五種智水的灌頂加持時，我們如實圓滿成就孔雀明王。

「光明燄生眾調伏，如實大力大至尊」，我們具足廣大的智慧寶燄光明，而觸及光明火焰的眾生盡皆降伏。

五方佛

這智慧寶燄的每一個火燄都是孔雀明王的光燄，也可以觀想為光明的明點，如同金剛鍊光一樣，每一個明點都是孔雀明王。

現在五佛灌頂已經鞏固了，我們如實成就大力的偉大至尊——孔雀明王。

(九)孔雀明王讚

嗡！

世尊大悲心　食毒大藥王

如虛空彩畫　孔雀王至尊

啊！

法體寂滅性　虛空本來面

至毒法界尊　報身本空定

吽！

大力大作用　伏魔大自在

赤焰法界幢　禮敬常瞻仰

唆！

功德本圓足　護誓慈悲深
翻將法性面　還來做紅塵
哈！
十字羯摩杵　畫地地堅牢
事業空花月　寂滅本來成
大德孔雀王　至威大佛母
稽首空行王　惟願誓句顯

嗡！世尊的廣大悲心，他是噉食眾毒的大藥王，從大悲心中現起如虛空彩畫般的孔雀明王至尊。

啊！孔雀明王的法體本來寂滅性，虛空是其本來面目，他是法界中至毒之尊。從悲心中現觀起莊嚴的報身，在本來明空定中現起廣大作用。

吽！孔雀明王的大威力、大作用，大自在地降伏群魔。光明赤焰的法界寶幢，我們恭敬禮拜常瞻仰。

唆！孔雀明王的功德本來圓滿具足，慈悲深遠的護持著三昧耶誓句，翻將其法性本來面目，還來紅塵守護我們。

哈！孔雀明王的事業，堅固如同十字羯摩杵，盡置於大地，大地堅牢如金剛一般；但其事業亦宛若空花水月一般，體性寂滅但本來成就圓滿。

具足德性宏偉的孔雀明王尊，至威至猛的大佛母，我們稽首空行之王，惟願三昧耶誓句顯現。

這是對孔雀明王尊的讚揚。

㈩密咒

1.曩謨　諦吒　囉囉　娑縛賀

namo　teṭa　rara　svāhā

這個咒語是出自《大日經》，孔雀明王的咒語很多，但是很少人誦持此咒，因為它不是出自《孔雀經》。

2.孔雀王印：二手內縛，二拇指、小指各立合

唵　摩庾羅　迦蘭帝　娑婆訶

Oṃ　mayūrā　krānte（孔雀不能超）　svāhā

我們誦咒二十一遍。第二個咒與第三個咒，其中只差一個字「部魯唵」（brūm），這個梵字真言，又稱為一字金輪或一字頂輪王、金輪佛頂。其中又有大金輪與釋迦金輪之分，前者是金剛界大日如來，而後者為胎藏界大日如來，都是顯現勝絕不共，惟佛一體的勝境。

由於孔雀明王被視為釋迦牟尼佛的化身，因此加上此真言，顯現他與釋尊同體，並進入金輪熾光三昧，能迅速加持成就一切境界。

所以當我們以此觀想時，要在虛空中現起一個紅色圓滿的金輪，再從中現出孔雀明王。這是其特別之處。

再來我們結孔雀王印、二手內縛，拇指跟小指豎起一個代表孔雀頭，一個代表孔雀尾。然後唸誦第二個真言，這真言的意思是：皈命孔雀不能超圓滿。前面我們所提孔雀明王的種子字是瑜 字，即是這個庾 字

我們誦咒七遍：

唵　摩庚羅　迦蘭帝　娑婆訶

Oṃ mayūrā krānte svāhā

也就是說當我們誦咒時自心要鞏固於大悲心中，具足威德不能超。「孔雀不能超」，這句話要好好體會。孔雀明王具足大威至德、廣大威德，為一切所不能超，要具有這樣雄猛的心。但由於他很自在的緣故，所以能顯示慈悲之相。我們要以這樣的心來持誦此咒。

3.自加持印：二手外縛，二大指、小指各立合，頭中名三指如羽打之。

唵　摩庾羅　迦蘭帝　部魯唵　娑婆訶（七遍）

Oṃ mayūrā krānte bhrum svāhā

當我們持誦第三個真言時，並不一定要換手印，我們現在結另一個手印，這在傳承上是有其意義存在。

自加持印是兩手外縛，外縛是右手壓左手，右上左下食指與小指各立，一個是孔雀頭、一是孔雀尾，其餘三個手指頭表示其羽毛，以這羽毛可拂去障礙。

誦念此咒七遍。當我們持誦此咒時，一面觀想所有的障礙都被孔雀毛拂去了。

在《佛母大孔雀明王經》中，當我們讀誦此經前，有〈讀誦佛母大孔雀明王經啟請法〉的真言，這真言稱為「孔雀王陀羅尼」，因為孔雀明王陀羅

孔雀明王印

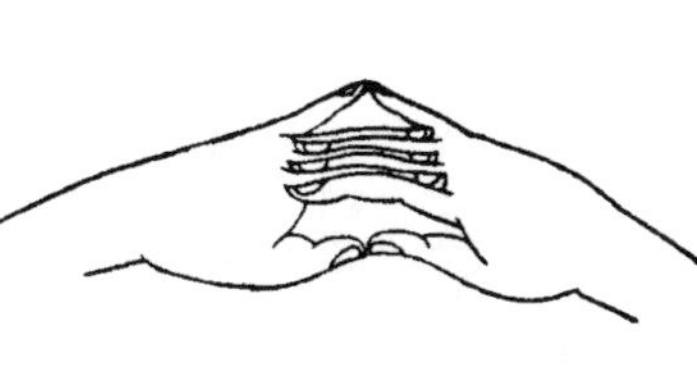

自加持印

尼很多、很長，其真言有梵文本，所以大家可選擇一個，平常多多持誦。

孔雀王陀羅尼：

怛儞也他　迦里迦囉里　矩畔膩　餉棄𩕳　迦麼攞乞史賀哩底　賀哩計施室哩麼底　賀哩氷誐黎攬迷鉢囉攬迷　迦攞播勢　迦囉戍娜哩　焰摩怒底摩賀囉乞灑杲　部多孽囉薩𩕳　鉢囉底砌鈐　補澁呯度呯　𪿍淡末鄰　左娜瀉弭　囉乞灑他麼麼　颯跛哩嚩覽　薩嚩婆喻鉢捺囉吠毘藥　弭嚩覩韈囉灑捨耽　鉢設都　捨囉喃捨單　悉鈿覩　滿怛囉鉢娜娑嚩賀

梵文：Tadyatha. kali karali kumbaṇḍi Śaṁkhini, kamalakṣi, hariti, harikeśi, śimati haripingale, lambe, pralambe, lambodari, kalapaśe, kapala, dhariṇi, kalaśodari yamaduti, yamarakṣasi, bhutagrasam, praticchemaṁ valigandhaṁ puṣpaṁ dhupaṁ dipaṁ valiṁ cadasyami rakṣathamamaṁ parivaraṁ sarvasattvanāṅ casarvabhayopadrabhyo jivatu varṣa śataṁ paśyatu śaradaṁ śatam sidhyantu me mantrapadāḥ svāha。

佛母大孔雀王心陀羅尼：

怛儞也他 壹底蜜底 底里蜜底 底里弭里蜜底 底黎比 弭里 弭里底弭 底里弭里 蘇頓嚩頓嚩 蘇嚩左 唧哩枳臬野 牝那謎膩 曩謨沒馱南 唧羯臬鉢𡁠多慕黎 壹底賀嚧 路呬多慕黎 膽嚩 暗嚩 俱置 短曩置 底囉君左曩置 阿拏嚩多野 韈囉灑 覩禰務 曩嚩麼娑 娜捨麼細底壹底弭哩 枳哩弭哩 計攞弭哩 計覩母黎 努努迷蘇努謎嬭 娜哩謎散覩韈[齒*來] 畝娑韈齡 畝薩𠻴畝薩𠻴 嚧拏嚩窣多囉計 捺迦攞 捺迦哩謎佉囉麼囉 企黎壹底 薩惹黎 覩吠 覩頓迷 頞曩[齒*來] 鉢囉捺[齒*來] 頞拏捺[齒*來] 嚩囉灑覩禰務曩謨娜計曩 散怛[齒*來]妬 三滿帝曩 曩囉野抳 播囉野抳 賀哩多里 君哆里 伊哩蜜窣底 吉底里蜜窣底 伊謎悉鈿覩 捺囉弭拏 曼怛囉路那娑嚩賀

梵文：Tadyatha. itti mitti tili mitti ili tili mitti, tilimili mili tliliti, lemitti cili mili mittivi, mili 2 tilimili, sutumba suvaca cirikisi prabhinnameḍi, namobuddhanaṁ cilikisi cihnasi pranta mule, itihara lohitamule, tumba, amba, kuṭṭi, kukunaṭṭi tilakunjanaṭṭi, aḍakavatyayam varṣatu devaḥ samantena navamasan daśamasan, ili mili kili mili kelimeli, ketu mule, dudunibe sudumoḍe suḍumeḍi, dalime santuvaṭṭe vusavaṭṭe vusare 2 dhanavastarake, narkala narkalime narkalike narmalike narakharima ghoṣe iti sarjjale tumbe tutumbe anaṭṭe ṇaṭṭe praṇaṭṭe aṇaṇaṭṭe aṇamale varṣatu devonavodakena sarvataḥ samantena narayaṇi parayaṇi haritali kuntali ili misti kili misti kili tili misti ilime siddhyantu me dramiḍa mantrapadaḥ svaha

(十一)懺悔

大悲體性懺　寂靜住本然
現前眾成佛　究竟第一懺
如實實相觀　罪業如霜露
自銷自清涼　忽憶生全佛
吉祥金剛定　嗡班雜薩埵
阿體本無生　長阿住明空

「大悲體性懺，寂靜住本然，現前眾成佛，究竟第一懺」，什麼是最究竟的懺悔呢？從大悲體性中懺悔，即是最究竟的懺悔，我們寂靜地安住於本然的體性當中，現前的一切眾生成佛，這就是最深的究竟懺悔。

「如實實相觀，罪業如霜露，自銷自清涼，忽憶生全佛，吉祥金剛定」，在如實的實相現觀當中，罪業如同霜露一樣地銷融了，自然銷融自清涼。這時忽然憶起眾生都是佛陀，我們就安住在吉祥的金剛定當中。

「嗡班雜薩埵，阿體本無生，長阿住明空」，我們念誦：「嗡班雜薩埵，阿體本無生」，當我們一念到「阿」時，心中長「阿——」一聲就住於明空定中，心中頓感清涼，而一切罪障全都銷融。

再來是念誦「百字明」懺悔。念「百字明」是以彌補懺悔修法過程中之任何缺失，修學者可選擇梵文或藏文發音，若不熟悉梵文、藏文的發音，亦可直誦中文的意譯。

藏文百字明

嗡　班雜爾薩埵　薩馬亞　馬努巴拉亞

（最崇高之讚嘆語）　金剛薩埵戒誓、戒定慧的三昧耶誓句

班雜爾薩埵得努巴　地踏地都美巴哇

金剛薩埵請賜與護佑　永遠與我在一起

蘇朵卡約媚巴哇　蘇波卡約媚巴哇

讓我一切願滿　心中多生起善念

阿奴若埵媚巴哇

請慈悲加持我

薩爾哇　悉地　美炸亞擦

賜予所有（世間及出世間）的成就

薩爾哇嘎爾瑪　蘇雜美

以及完成一切事業

只但　歇銳亞　古魯　吽

讓我的心生善念

哈　哈　哈　哈

（代表四無量心、四灌、四樂、四身）

賀

（「賀」是快樂時所發出之聲——以上之四樂）

班嘎文　薩爾哇答踏嘎答

婆伽梵　一切如來

班雜馬妹悶雜

金剛薩埵阿　請不要遺棄我

班基利　巴哇

請加持我成為金剛持有者

瑪哈　薩瑪亞　薩多

大三昧耶之有情

阿

（代表融於非對待之空性境界）

（以上為藏文發音）

梵文百字明

唵　跋折囉　薩埵三摩耶　麼奴波邏耶

oṃ vajra- sattva-samaya-mamu pālaya

跋折囉薩埵哆吠奴烏播底瑟吒涅哩茶烏銘婆啊

Vajra-sattvenopatiṣṭha dṛḍho me bhava

素覩沙榆銘婆啊

sutoṣyo me bhava

阿努囉訖覩婆銘縛　素補使榆銘婆啊

anurakto me bhava supoṣya me bhava

薩婆悉地　含銘般囉野綽　薩婆羯磨素遮銘

Sarva-siddhim me prayaśsca sarva-karmesu ca me

質多失唎耶　句嚕吽　呵呵呵護

cittam śiyaṃ kuru hūm ha ha ha ho

薄伽梵　薩婆　怛他揭多　跋折囉麼迷悶遮

bhagavan sarva-tathāgata vajra mā me muñca

跋折哩婆啊　摩訶三摩耶薩埵　阿

vajribhava mahā-samaya-sattva aḥ

（以上為梵文發音）

(十二)迴向

大悲聖尊大佛母　體性孔雀大明王
如實修證祈隨願　迴向眾生大菩提
無有眾生未成佛　金剛本誓祈隨護
一切災障永消滅　魔難人禍自遠離
家國永固願自圓　全佛法界最吉祥
身心安樂具大力　佛法傳承無盡燈

在孔雀明王的加持下，很歡喜修完此法，希望此法緣能繼續流傳下去。

南無　佛母大孔雀明王

南無　孔雀明王經法

南無　孔雀經曼荼羅海會賢聖眾

希望大家成就孔雀明王經法，現成大家都是孔雀明王。吉祥圓滿。

第三章　佛母孔雀明王行法

洪啟嵩　造

令我夜安　晝日亦安　一切時中　諸佛護念

南無　佛母大孔雀明王

南無　孔雀明王經法

南無　孔雀經曼荼羅海會

一、孔雀明王勝法因緣

總持真句悲救門　密伏眾毒大佛母

法性密因大日尊　緣起大力能仁尊

無二無別等示現　依彼孔雀座王顯

如來密語金剛示　究竟圓滿等佛母
能噉世間一切毒　乃至心毒五毒眾
恐怖惱亂及災障　疾病變怪魔障等
行者不受水火災　惡毒刀杖王賊害
一切苦難悉消散　人天鬼神不違越
福德增長壽延長　富貴自在得大勢
於諸佛法不退轉　圓滿成就大菩提
佛母大孔雀明王　真言究竟難思議
如是勝法極究竟　大悲心王所宣說

二、宣說孔雀明王的因緣

緣彼釋尊賜加持　密伏眾毒大救護

法身示現大佛母　孔雀明王依怙主
如子隨順大悲行　依力用慈能救度
體性如來不二佛　相應瑜伽大密主
總持心要能明王　如法現前而宣說
大悲心王大佛母　能伏眾毒心體性
依此秘要如法位　大孔雀尊持明王
能賜眾福伏毒母　現成交付有緣眾

三、皈命佛、法、僧賢聖眾

禮敬法界體性佛　清淨法身大日尊
密語金剛阿彌陀　最勝圓滿釋迦尊
依彼如來大有力　廣大成就破有壞

金剛摧碎伏毒王
禮敬勝妙密因緣
能救眾生賜福德
統攝藥叉大明咒
究竟安樂圓滿法
禮敬孔雀王壇城
如來福聚所加護
能成有力大密主
度眾究竟無退轉
大孔雀王勝三寶
法性緣生大密用

佛母大孔雀明王
伏毒究竟孔雀經
乃至成佛菩提法
一切護法鬼神眾
體上密證最無上
佛母秘密曼荼羅
悲智性中緣起現
不壞金剛如來輪
如法聖眾最究竟
所禮能禮空寂性
如禮究竟圓佛母

四、修學孔雀明王的方法

(一)皈命

南無　佛母大孔雀明王
南無　孔雀明王經法
南無　孔雀經曼荼羅海會賢聖眾

(二)發心

慈悲喜捨四無量　體性無生自無量
無滅現空圓頓心　遍照光明自圓滿
眾生全佛大菩提　相續無間無退轉

大悲發心密行者　孔雀明王永密護

㈢觀空法界，自生佛母大孔雀明王

1.觀空

法界頓空示平等　明空菩提赤裸顯
大悲總持金剛定　法爾現成菩提心

2.緣起

法身如來大日尊　體性釋尊所湧現
佛母大孔雀明王　次第現觀如現成

3.成金剛心

如心月輪法性體　圓滿堅固益明顯
現觀心中顯阿字　轉成圓滿心月輪
輪上顯現赫利字　化成八葉妙寶蓮

蓮上如實現鑁字　示現光明孔雀尾
上現半月體性輪
誦：唵　底瑟姹　母馱
Oṃ tiṣṭha buddha

4.廣金剛

淨月輪上孔雀尾　半月漸舒次第長
廣大遍滿圓法界　利益安樂眾有情
誦：唵　娑頗羅　母馱
Oṃ sphara buddha

5.斂金剛

尾上半月形漸斂　漸小如密還本然
誦：唵　僧賀羅　母馱
Oṃ saṃhara buddha

6.證金剛身

自心孔雀尾半月　法界遍佛入自身
如鏡相映攝萬相　圓滿安住法界身

誦：**母**馱　但摩句含

Buddha tmakoham

7.身圓滿

孔雀尾現大佛母　安坐金色孔雀王
其上白色妙蓮花　孔雀明王五佛冠
安住跏趺慈悲相　四臂圓具四法要
右手第一執寶蓮（大悲敬愛）
右二手持俱緣果（增益）
左一心持吉祥果（調伏）
左二現執孔雀尾（息災）

誦：唵　野他　薩縛怛他誐多薩　怛他含

Oṃ　yathā　sarva-tathāgatās　tāthāham

8.諸佛加持

自成佛母孔雀王　　諸佛如來自加持

無量法界眷屬眾　　現前圍繞於我身

誦：唵　薩嚩　怛他誐多　避三冒地

Oṃ　sarva　tathagata　bhisam-bodhi

涅哩荼　嚩日羅　地瑟姹

ḍrḍh　vajra　tiṣṭha

㈣供養

■外層供養

外供身器身　　外顯諸法界

無我全獻供　無著娑婆訶

嗡、嗡、嗡、嗡、嗡、嗡、嗡……（廿一稱）

■內層供養

內供無住心　意識秘密語

無為全獻供　寂滅娑婆訶

■密層供養

密供勝甘露　心現孔雀王

大悲空智乳　全供娑婆訶

■法性供養

圓頓法界體　誰爾不成佛

如體性隨護　全佛娑婆訶

㈤觀法爾本尊

自觀頂上白唵　字喉間紅阿　胸藍吽

吽字放光照法界　迎請法爾孔雀王
如實壯嚴示究竟　如實密示三昧耶
虛空法界現瑜宇　現成金色孔雀王
其上圓滿白蓮座　白蓮花上現緩字
化成燦爛孔雀尾　尾上半月并滿月
現成大孔雀佛母　安住慈悲示本然
七佛慈氏四獨覺　四大聲聞八天王
二十八部大夜叉　諸鬼神眾并宿曜
十二宮神等圍繞

本誓三昧耶

令我夜安　晝日亦安
一切時中　諸佛護念
大悲行者　祈尊擁護
直至成佛　安住吉祥

㈥再供養

1.普供〈廣大不空摩尼供〉

唵　阿慕迦　布惹　摩尼　跛納摩　縛日隸
Oṃ amogha puja mani-padma vajre
怛他藥多　尾路枳帝　三滿多　缽羅薩羅　吽
tāthagata-vilokite samnnta-preasara hūm
皈命不空供養寶珠蓮　廣大金剛如來觀普界

無量無邊微塵廣大數　供養雲海法爾自流出
法界道場普遍諸海會　一切聖眾無盡皆供養
特別佛母孔雀明王尊　法爾成佛無盡遍法界
濟度眾生永無間斷時　無量威力自在賜行者
二利行願圓滿大成就　眾生全佛究竟大供養

2. 四層供養

■外層供養

外供身器界　外顯諸法界
無我全獻供　無著娑婆訶
嗡、嗡、嗡、嗡、嗡、嗡、嗡、嗡……（廿一稱）

■內層供養

內供無住心　意識秘密語
無為全獻供　寂滅娑婆訶

■密層供養

密供勝甘露　心現孔雀王
大悲空智孔　全供娑婆訶

■法性供養

圓頓法界體　誰爾不成佛
如體性隨護　全佛娑婆訶

(七)相互融攝

般若法身三昧耶　入我我入一合相
惹吽鑁霍圓相攝　無二本然孔雀尊
（jaḥ hum vaṃ hoḥ）

(八)五佛灌頂

現觀五佛大灌頂　圓成法爾大明王
光明燄生眾調伏　如實大力大至尊

(九)孔雀明王讚

嗡！
世尊大悲心　食毒大藥王
如虛空彩畫　孔雀王至尊
啊！
法體寂滅性　虛空本來面
至毒法界尊　報身本空定
吽！

大力大作用　伏魔大自在
赤焰法界幢　禮敬常瞻仰
唆！
功德本圓足　護誓慈悲深
翻將法性面　還來做紅塵
哈！
十字羯摩杵　畫地地堅牢
事業空花月　寂滅本來成
大德孔雀王　至威大佛母
稽首空行王　惟願誓句顯

㈩密咒

1. 曩謨　諦吒　囉囉　娑縛賀

namo teṭa rara svāhā

2.孔雀王印：二手內縛，二大指、小指各立合

唵　摩庾羅　迦蘭帝　娑婆訶

Oṃ mayūrā krānte svāhā

3.自加持印：二手外縛，二大指、小指各立合，頭中名三指如羽打之。

唵　摩庾羅　迦蘭帝　部魯唵　娑婆訶

Oṃ mayūrā krānte bhrūṃ svāhā

孔雀王陀羅尼：

怛儞也他　迦里迦囉里　矩畔膩　餉棄寧　迦麼攞乞史賀哩底　賀哩計
施室哩麼底　賀哩氷誐黎攬迷鉢囉攬迷　迦攞播勢　迦囉戍娜哩　焰摩怒底
摩賀囉乞灑枭　部多孽囉薩寧　鉢囉底砌鉿　補澁哘度哘　巘淡末鄰　左
娜瀉弭　囉乞灑他麼麼　颯跛哩嚩覽　薩嚩婆喻鉢捺囉吠毘藥　弭嚩覩鞢囉
灑捨耽　鉢設都　捨囉喃捨單　悉鈿覩　滿怛囉鉢娜娑嚩賀

梵文：Tadyatha. kali karali kumbanḍi Śaṁkhini, kamalakṣI, hariti, harikeśi, Śimati haripingale, lambe, pralambe, lambodari, kalapaśe, kapala, dhariṇI, kalaśodari yamaduti, yamarakṣasi, bhutagrasam, praticchemaṁ valigandhaṁ puṣpaṁ dhupaṁ dipaṁ valiṁ cadasyami rakṣathamaṁ parivaraṁ sarvasattvanāṅ casarvabhayopadrabhyo jivatu varṣa Śataṁ paśyatu Śaradaṁ Śatam sidhyantu me mantrapadāḥ svāha。

佛母大孔雀王心陀羅尼：

怛儞也他　壹底蜜底　底里蜜底　底里弭里蜜底　底黎比　弭里　弭里底弭　底里弭里　蘇頓嚩頓嚩　蘇嚩左　唧哩枳臬野　牝那謎膩　曩謨沒馱南　唧羯臬鉢嚫多慕黎　壹底賀嚧　路呬多慕黎　膽嚩　暗嚩　俱置　短曩置　底囉君左曩置　阿拏嚩多野　韈囉灑　覩禰務　曩嚩麼娑　娜捨麼細底　壹底弭哩　枳哩弭哩　計攞弭哩　計覩母黎　努努迷蘇努謎孏　娜哩謎

散靚韈蘇　畝娑韈齡　畝薩嚇畝薩嚇　噎拏嚩窣多囉計　捺迦擺　捺迦哩謎
　佉囉麼囉　企黎壹底　薩惹黎　靚吠　靚頓迷　頞曩蘇　鉢囉捺蘇　頞拏
捺蘇　嚩囉灑靚禰務曩謨娜計曩　散怛蘇姤　三滿帝曩　曩囉野抳　播囉野
抳　賀哩多里　君哆里　伊哩蜜窣底　吉底里蜜窣底　伊謎悉鈿靚　捺囉弭
拏　曼怛囉路那娑嚩賀

梵文：Tadyatha. itti mitti tili mitti ili tili mitti, tilimili mili tliliti, lemitti cili mili mittivi, mili tilimili, sutumba suvaca cirikisi prabhinnameḍi, namobuddhanaṁ cilikisi cihnasi pranta mule, itihara lohitamule, tumba, amba, kuṭṭi, kukunaṭṭi tilakunjanaṭṭi, aḍakavatyayam varṣatu devaḥ samantena navamasan daśamasan, ili mili kili mili kelimeli, ketu mule, dudunibe sudumoḍe suḍumeḍi, dalime santuvaṭṭe vusavaṭe vusare 2 dhanavastarake, narkala narkalime narkalike narmalike narakharima ghoṣe iti sarjjale tumbe tutumbe aṇaṭe ṇaṭṭe praṇaṭṭe aṇaṇaṭṭe aṇamale varṣatu devonavodakena sarvataḥ samantena narayaṇi parayaṇi haritali kuntali ili misti kili misti kili tili misti ilime siddhyantu me dramiḍa mantrapadaḥ svaha

(十一)懺悔

大悲體性懺　寂靜住本然
現前眾成佛　究竟第一懺
如實實相觀　罪業如霜露
自銷自清涼　嗡班雜薩埵
阿體本無生　長阿住明空

誦百字明

嗡　班雜爾薩埵　薩馬亞　馬努巴拉亞　班雜爾薩埵得努巴

地踏地都美巴哇　蘇朵卡約媚巴哇　蘇波卡約媚巴哇　阿奴若埵媚巴哇

薩爾哇　悉地　美炸亞擦　薩爾哇嘎爾瑪　蘇雜美　只但　歐銳亞　古

魯　哈　哈　哈　哈　賀

班嘎文　薩爾哇答踏嘎答　班雜馬妹悶雜　班基利巴哇　瑪哈　薩瑪亞

薩多　阿

(十二)迴向

大悲聖尊大佛母　體性孔雀大明王

如實修證祈隨願　迴向眾生大菩提

無有眾生未成佛　金剛本誓祈隨護

一切災障永消滅　魔難人禍自遠離

家園永固願自圓　全佛法界最吉祥

身心安樂具大力　佛法傳承無盡燈

附錄 佛母大金曜孔雀明王經

唐·不空譯

佛母大金曜孔雀明王經序

佛母大孔雀明王經者，牟尼大仙之靈言也；總持真句悲救要門，縮悉地之玄宗，息波瀾之苦海；二十八部之神眾同誓護於斯經，羅剎吞毒之都軍發慈心而警衛，藥叉大將數窮百姟，動石擎山散支為首，捧香花於舍衛，起淨念於祇林，禮明行之牟尼，祈所談之深法，樂飡禪說，希甘露以洗心。

佛乃悲愍將來，託莎底而演教，自陳因地，為彼鳥王被羂網羅，命如懸露，忽思古聖無上覺皇演陀羅尼能超眾苦，發聲應念，繫縛氷銷，適樂青空，翱騰自在，迄於成佛，訓彼曩因，逝多林中述斯密教。

咨嗟！末代蠢蠢含靈，去聖遠遙，運生像季，多逢留難，異種魔生，修行者被惑情迷，居家者眾邪為患，妖祇袄怪，常現災祥，若不此經，何威能制？

是以多聞慶喜，親奉聖言，結集貝多，周傳沙界，然此支那數朝翻譯，民雖遭難尚未遍宣，即蓋緣往時，譯成詞質而文梗，潤文者闕方便之妙言，雖聖旨不乖，尋讀者引肩而翕目。

今所譯者，即中天竺國三藏國師和尚不空，善唐梵之言，窮五天之後，來於此國，勅令於大明宮，乃譯此經勒成三卷，顯示佛母大金曜孔雀明王經矣，莫不廣開佛日高照重昏，秘密真詮遍流同益，靈符既顯萬障自祛，法藥普施業患永滅，願此法燈常耀，總法界而清安，聖壽千春，保金枝而長茂，天龍警護，法化恒宣，佛勅流暉，塵劫不朽。

此經須知大例若是尋常字體傍加口者，即須彈舌道之，但為此方無字故借音耳，餘自准可依字直說不得漫有聲勢，致使本音，即便乖梵韻。

又讀誦時，聲合長短，字有輕重，看注四聲而讀，終須師授方能愜當。又須粗識字義呼之，始可隨情，若至我某甲處，咸須具述所求之事。然此經有大神力，求者皆驗。

五天之地、南海十洲及北方吐貨羅等二十餘國，無問道俗，有小乘大乘者皆共尊敬讀誦求請，咸蒙福利，交報不虛。

但為舊經譯文有闕，致使神洲不多流布，雖遭厄難讀誦者尚稀，故今綜尋諸部梵本勘會委的，更重詳審，譯成三卷，并畫像壇場軌式，利益無邊，傳之求代耳。

讀誦佛母大孔雀明王經前啟請法

南謨母馱野　　南謨達磨野

南謨僧伽野　　南謨七佛正遍知者

南謨慈氏菩薩等一切菩薩摩訶薩，南無獨覺、聲聞四向四果，我皆敬禮如是等聖眾。

我今讀誦摩訶摩瑜利佛母明王經，我所求請願皆如意，所有一切諸天靈祇，或居地上或處虛空或住於水異類鬼神，所謂諸天及龍、阿蘇羅、摩嚕多、蘗嚕拏、彥達嚩、緊那羅、摩護囉誐、藥叉、囉刹娑、畢嚟多、比舍遮、矩畔拏、步多、布單那，羯吒布單那、塞建那、嗢摩那、車耶、阿鉢娑麼囉、塢娑怛囉迦，及餘所有一切鬼神及諸蟲魅，人非人等，諸惡毒害一切不祥，一切惡病、一切鬼神、一切使者、一切怨敵、一切恐怖、一切諸毒及諸呪術、一切厭禱伺斷他命，起毒害心行不饒益者，皆來聽我讀誦佛母大孔雀明王經，捨除暴惡咸起慈心，於佛法僧生清淨信，我今施設香花飲食，願生歡喜咸聽我言：

怛儞也他　迦里迦囉里　矩畔膩　餉棄頸　迦麼攞乞史賀哩底　賀哩計施室哩麼底　賀哩氷誐黎攬迷　鉢囉攬迷　迦攞播勢　迦囉戍娜哩　焰摩怒

底　摩賀囉乞灑梟　部多孽囉薩顊　鉢囉底砌紟　補澁嵰度嵰　巘淡末鄰
左娜瀉弭　囉乞灑他麼麼　颯跛哩嚩覽　薩嚩婆喻鉢捺囉吠毘藥　弭嚩覩轗
囉灑捨耽　鉢設都　捨囉喃捨單　悉鈿覩　滿怛囉鉢娜娑嚩賀

諸如是等一切天神，咸來集會受此香花飲食，發歡善心，擁護於我某甲并諸眷屬，所有厄難、一切憂惱、一切疾病、一切饑饉、獄囚繫縛恐怖之處，悉皆解脫，壽命百歲，願見百秋，明力成就，所求願滿。

佛母大孔雀明王經卷上

如是我聞：一時，薄伽梵在室羅伐城逝多林給孤獨園，時有一苾芻名曰莎底，出家未久，新受近圓，學毘奈耶教，為眾破薪，營澡浴事，有大黑蛇從朽木孔出，螫彼苾芻右足拇指，毒氣遍身，悶絕于地，口中吐沫，兩目翻上。

爾時，具壽阿難陀見彼苾芻，為毒所中極受苦痛，疾往佛所禮雙足已，而白佛言：「世尊！莎底苾芻為毒所中受大苦惱，具如上說，如來大悲，云何救護？」作是語已。

爾時，佛告阿難陀：「我有摩訶摩瑜利佛母明王大陀羅尼，有大威力能滅一切諸毒怖畏災惱，攝受覆育一切有情獲得安樂。汝持我此佛母明王陀羅尼，為莎底苾芻而作救護，為結地界、結方隅界，令得安隱，所有苦惱皆得消除。彼等或為天龍所持、阿蘇羅所持、摩嚕多所持、孽嚕拏所持、彥達所持、緊那囉所持、摩護囉誐所持、藥叉所持、囉刹娑所持、畢隸多所持、毘舍遮所魅、步多所魅、矩畔拏所魅、布單那所魅、羯吒布單那所魅、塞建那所魅、嗢麼那所魅、車耶所魅、阿鉢娑麼羅所魅、塢娑路囉迦所魅，為如是等所執所魅之時，佛母明王悉能加護，令無憂怖壽命百年。或被他人厭禱呪術蠱魅，惡法之類：所謂乾哩底迦、羯摩拏、迦具囉那、枳囉拏、吠哆拏、質者，飲他血髓，變人驅役，呼召鬼神，造諸惡業、惡食、惡吐、惡影、惡視、惡跳、惡驀，或造厭書，或惡胃逆，作如是惡事，欲相惱亂者，此佛母明王擁護彼人并諸眷屬，如是諸惡不能為害。又復瘧病一日二日三日四日乃至七日半月一月，或復頻日或復須臾，一切瘧病、四百四病，或常熱病、偏邪病、瘻病，鬼神壯熱風黃痰癊，或三集病飲食不消，頭痛，半痛，眼、耳、鼻痛，脣、口、頰痛，牙齒、舌痛及咽喉痛、胸脅背痛、心痛、肚痛、腰痛、腹痛、髀痛、膝痛，或四肢痛、隱密處痛、遍身疼痛，如是過患悉皆除滅，願護於我某甲并諸眷屬，我結地界、結方隅界，讀誦此經悉令安隱。即說伽他曰：

令我夜安，晝日亦安，一切時中，諸佛護念。

即說陀羅尼曰：

怛儞也他　伊膩　尾膩　枳膩　呬膩　弭膩　𩕳膩　頞嬭　伽嬭　努識嬭賀哩抳　嚩麌膩　膀蘇比舍止𩕳　阿嚧賀抳　污嚧賀抳　噎𠼪　謎𠼪　帝𠼪　底里底里　謎𠼪謎𠼪　底謎底謎　努謎努諏　伊置弭置　尾瑟吒睇　左

跛隸　尾麼隸　尾麼隸　護嚕護嚕　阿濕嚩目棄　迦里　麼賀迦里　鉢囉枳
囉拏計施　矩嚕矩嚕　嚩具嚕　句嚕句嚕　護嚕護嚕　嚩譜嚕　度娑努嚩
怒努嚩　怒麼努嚩　遇攞夜　跛攞夜　比輸比輸　呬哩呬哩　弭里弭里　底
里底里　鼻里鼻里　祖魯祖魯　母護母護母護　母護母護　母魯母魯　母魯
母魯母魯　護護護護護護護護護　嚩嚩嚩嚩嚩嚩嚩嚩嚩　攞惹攞惹攞惹攞
惹攞惹攞惹攞惹攞惹攞惹　娜麼娜麼額　答跛答跛額　入嚩攞入嚩攞額
鉢左鉢左額　嬾努　蘖惹額　韈囉灑抳　颯普咤額　跢跛額　播左額　賀
哩抳　馱哩抳迦哩抳　劍跛額　沫那額　曼膩底計　麼迦哩　設迦哩　羯迦
哩　爍迦哩　餉迦哩　入嚩攞額　努麼　努嚩哩　努銘努銘　遇攞野　鉢哩
吠攞野　韈囉灑覩禰嚩三滿帝曩　伊里枳臬　娑嚩賀

若讀誦經者，至此處時，隨所願求皆須稱說其事，若大旱時云願天降雨，若大澇時云願天止雨，若有丘戈盜賊疫病流行饑饉惡時及諸厄難，隨事陳說，一心求請，無不隨意。

「阿難陀！有諸龍王名字，當起慈心稱念其名，攝除諸毒，所謂：

持國龍王我慈念，愛羅嚩拏常起慈，
尾嚕博叉亦起慈，黑驕答麼我慈念，
麼抳龍王我慈愍，婆蘇枳龍常起慈，
杖足龍王亦起慈，滿賢龍王我慈念，
無熱惱池嚩嚕拏，曼娜洛迦德叉迦，
難陀鄔波難陀龍，我常於彼興慈意。
無邊龍王我慈念，嚩蘇目佉亦起慈，
無能勝龍常起慈，嵋嚩龍王我慈念，
大麼娜斯我慈念，小麼娜斯亦起慈，
阿鉢羅羅迦洛迦，有財沙彌龍王等，
捺地穆佉及麼抳，白蓮華龍及方主，
羯句吒迦及蠡足，毛毯馬勝等皆慈。
娑雞得迦供鼻羅，針毛臆行龍王等，

哩使迦龍我慈念，滿耳車面亦起慈，
句洛迦龍我慈念，婆雌補多蘇難陀，
愛羅鉢多大龍王，濫畝洛迦我慈愍，
非人龍王我慈念，上人龍王亦復然，
蔑蘖羅龍常起慈，母呰隣那我慈念。
或有龍王行地上，或有龍王常居空，
或有恒依妙高山，或在水中作依止，
一首龍王我慈念，及以二頭亦復然，
如是乃至有多頭，此等龍王我慈念，
或復無足龍王類，二足四足等龍王，
或復多足諸龍王，各起慈心相護念，
此等龍王具威德，色力豐美有名聞。
天與脩羅共戰時，有大神通皆勇猛，

勿使無足欺輕我，二足四足勿相侵，
及與多足諸龍王，常於我身無惱觸，
諸龍及神我慈念，或在地上或居空，
常令一切諸眾生，各起慈心相護念。
復願一切含生類，及以靈祇諸大神。
常見一切善徵祥，勿覩違情罪惡事，
我常發大慈悲念，令彼滅除諸惡毒，
饒益攝受離災厄，隨在時方常擁護。

曩謨窣覩沒馱野曩謨窣覩冒馱曳曩謨窣覩目訖多野曩謨窣覩目訖多曳曩謨窣覩扇多野曩謨窣覩扇多曳曩謨尾目訖跢野曩謨尾目訖跢曳

諸有淨行者，能伏諸惡業，
敬禮如是等，於我常衛護，
若逢諸恐怖，一切惱亂時，

并及災害時，疾病變怪等，

及被毒所中，不利益之時，

護我并眷屬，無病壽百歲。

佛告阿難陀：「往昔之時，雪山南面，有金曜孔雀王於彼而往。每於晨朝，常讀誦佛母大孔雀明王陀羅尼，晝必安隱，暮時讀誦，夜必安隱。即說陀羅尼曰：

曩謨沒馱野　曩謨達磨野　曩謨僧伽野　怛儞也他　護護護護護　曩誐[口*隸][口*隸]　努麼[口*隸][口*隸]　護野護野　尾惹野尾惹野　度蘇度蘇　麌嚕麌嚕　噎攞謎攞　底哩謎攞　伊里密怛嚩　底里密怛嚩　伊里底里密怛嚩　努謎　蘇努謎始蘇帝　遇攞伏攞　左跛攞　尾麼攞　伊置哩　毘置哩　哩置哩　尾置哩曩謨窣覩沒馱南　唧哩枳枲　遇努呬迦　曩謨囉曷耽　護囉娜羅　嚩囉灑覩禰嚩　三滿帝曩　捺捨蘇儞舍蘇　曩謨母馱南　娑嚩賀

「阿難陀！彼金曜孔雀王，忽於一時忘誦此佛母大孔雀明王陀羅尼，遂與眾多孔雀婇女，從林至林、從山至山而為遊戲貪欲愛者，放逸昏迷入山穴中，捕獵怨家伺求其便，遂以鳥羂縛孔雀王，被縛之時憶本正念，即誦如前佛母大孔雀明王陀羅尼，於所緊縛自然解脫，眷屬安隱至本住處。復說此明王陀羅尼曰：

曩謨母馱野　曩謨達麼野　曩謨僧伽野　曩謨蘇誐囉拏　嚩婆薩寫　麼庾囉囉枳孃　曩謨摩賀麼庾哩曳　尾儞也囉枳惹　怛儞也他　悉第　蘇悉第

謨左顊　謨剎抳　目訖帝　尾目訖帝　阿麼黎　尾麼黏　顊麼黎　曹誐黎呬懶孃蘗陛　囉怛曩蘗陛　跛捺嚇　蘇跛捺嚇　三滿多跛捺嚇　薩嚩囉他娑馱顊　跛羅沫他娑馱顊　薩嚩囉他鉢囉　嚩馱顊　薩嚩曹誐囉娑馱顊　麼曩枲　麼曩枲　摩賀麼曩枲　曷步帝　頞頞室納部帝　頞卒帝　阿惹嚇　尾惹嚇　尾麼黎　阿蜜哩帝　阿麼黎　阿麼囉抳　沒囉憾謎　沒囉憾麼娑嚩嚇

布囉儜　布囉拏麼努囉剃　蜜哩多散吩嚩顊　室哩跛捺嚩戰捺嚇　戰捺囉鉢囉陛　素哩曳　素哩野建帝　味多婆曳　蘇韈顊　沒囉憾麼具曬　沒囉憾

麼乳瑟𪘁　薩嚩怛囉　鉢囉底賀帝　娑嚩賀　那莫薩嚩沒馱南　娑嚩娑底麼麼曩薩寫　颯跛哩嚩囉乞產　屈勿挽親　唥嚩覩　韈囉灑　設單鉢扇覩　設囉難設單　護呰　虞呰具呰畝呰　娑嚩賀

佛告阿難陀：「往昔金曜孔雀王者豈異人乎？即我身是，我今復說佛母大孔雀明王心陀羅尼曰：

怛儞也他　壹底蜜底　底里蜜底　底里弭里蜜底　底黎比　弭里　弭里底弭　底里弭里　蘇頓嚩頓嚩　蘇嚩左　唧哩枳臬野　牝那謎膩　曩謨沒馱南　唧羯臬鉢𡁏多慕黎　壹底賀嚧　路呬多慕黎　膽嚩　暗嚩　俱置　矩曩置　底囉君左曩置　阿拏嚩多野　韈囉灑　覩禰務　曩嚩麼娑　娜捨麼細底壹底弭哩　枳哩弭哩　計攞弭哩　計覩母黎　努努迷蘇努謎嫡　娜哩謎散覩韈𪘁　畝娑韈𪘁　畝薩𡅏畝薩𡅏　嗑拏嚩窣多囉計　捺迦攞　捺迦哩謎佉囉麼囉　企黎壹底　薩惹黎　覩吠　覩頓迷　額曩𪘁　鉢囉捺𪘁　額拏捺𪘁　嚩囉灑覩禰務曩謨娜計曩　散怛𪘁姤　三滿帝曩　曩囉野抳　播囉野

抳　賀哩多里　君哆里　伊哩蜜窣底　吉底里蜜窣底　伊謎悉鈿覘　捺囉弭

拏　曼怛囉路那娑嚩賀

「阿難陀！此佛母大孔雀明王心陀羅尼，若復有人，欲入聚落應當憶念，於曠野中亦應憶念，在道路中亦常憶念，或在非道路中亦應憶念，入王宮時憶念，逢劫賊時憶念，鬪諍時憶念，水火難時憶念，怨敵會時憶念，大眾中時憶念，或蛇蠍等螫時憶念，為毒所中時憶念，及諸怖畏時憶念，風黃痰癊時憶念，或三集病時憶念，或四百四病一一病生時憶念，若苦惱至時皆當憶念，何以故？若復有人，應合死罪以罰物得脫，應合被罰以輕杖得脫，應合輕杖被罵得脫，應合被罵訶責得脫，應合訶責戰悚得脫，應合戰悚自然解脫，一切憂惱悉皆消散。

「阿難陀！此佛母大孔雀明王真言，一切如來同共宣說，常當受持，自稱己名，請求加護，願攝受我某甲除諸怖畏，刀杖枷鎖苦難之時，願皆解脫，常逢利益不值災危，壽命百歲得見百秋。

「阿難陀！若有人、天、魔、梵、沙門、婆羅門等，讀誦受持此佛母大孔雀明王陀羅明，結其地界、結方隅界，請求加護一心受持者，我不見有天龍、鬼神能為惱害，所謂：天及天婦、天男、天女及天父母并諸朋屬，如是等類無能為害，若龍、龍婦、龍男、龍女及龍父母并諸朋屬亦不能為害，若阿蘇囉及婦、男、女、父母、朋屬等不能為害，若麼嚕多及婦、男、女、父母、朋屬等不能為害，若蘗嚕拏及婦、男、女、父母、朋屬等不能為害，若彥達嚩及婦、男、女、父母、朋屬等不能為害，若緊那囉及婦、男、女、父母、朋屬等不能為害，若摩護囉誐及婦、男、女、父母、朋屬等不能為害，若藥叉及婦、男、女、父母、朋屬等不能為害，若囉剎娑及婦、男、女、父母、朋屬等亦不能為害，若畢嚟多及婦、男、女、父母、朋屬等不能為害，若比舍遮及婦、男、女、父母、朋屬等亦不能為害，若步多及婦、男、女、父母、朋屬等亦不能為害，若矩畔拏及婦、男、女、父母、朋屬等不能為害，若布單那及婦、男、女、父母、朋屬等不能為害，若羯吒布單那及婦、男、女、父母、朋屬等不能為害，若塞建那及婦、男、女、父母、朋屬等不能為害，若嗢麼那及婦、男、女、父母、朋屬等不能為害，若車耶及婦、男、女、父母、朋屬等不能為害，若阿鉢娑麼囉及婦、男、女、父母、朋屬等不能為害，若塢娑跢羅迦及婦、男、女、父母、朋屬等皆不能為害。如是等天龍、藥叉及諸鬼神，所有親眷朋屬等，發起惡心伺求人便作諸障難者，此等天龍鬼神雖起惡心，不能惱亂持此經者，何以故？由常受持佛母明王陀羅尼故。此等天龍、鬼神為惱害者，若還本處彼類不容入眾，若有違此佛母明王真言越界法者，頭破作七分猶如蘭香梢。梵云阿爾迦曼折哩，是蘭香梢頭也，舊云阿梨樹枝者訛也，西方無阿梨樹。

「復次，阿難陀！又有明王陀羅尼，汝當受持。即說明曰：

怛儞也他　伊里弭里　緊耨契目訖帝　蘇目訖帝　阿拏曩拏　蘇曩拏嚩
囉灑覩禰舞　跛囉摩拏韈跢焰　阿囉播囉　遇怒呬迦　伊里弭里　比爾里迦
嘔努迦　哩嫩努迦　伊里弭里　底里弭里　三滿怛多訖嘌怛嚩護魯護魯

呬里呬里　弭里弭里　枳哩枳哩室哩囇拏　沒里衫　畝魯畝魯　左羅左羅
唧里唧里　祖魯祖魯　尾置尾置　式棄式棄　壹置尾置　式棄式棄　護祖護
祖　護祖護祖　護祖護祖　護祖護祖　護祖護祖　賀囉賀囉　賀囉抳　咎陛
鉢囉咎陛　薩嚩訥瑟吒　麼努瑟鴿　咎陛弭　麼麼　颯跛哩嚩囉寫　囉乞
創迦嚕弭　爾嚩覩　嚩囉灑設單　鉢捨覩設囉腩設單　虞底孕跛哩怛囉　喃
跛哩仡囉憾　跛哩播攞喃　扇底孕　娑嚩娑他也野南　難拏跛哩賀嚩　尾灑
努灑喃　尾灑曩捨難　枲麼曼鄧　馱囉抳曼蕩左迦嚕弭　唧怛隷　唧怛囉麼
黎　賀黎　賀攞麼黎　頗黎　頗攞麼黎　齲魯齲魯　佉囉嚕抳　味隷　噎曳
阿魯麼嚕　滅除一切毒　及起惡心者　根毒牙齒毒　飲食中諸毒　願以佛
威光　滅除毒害苦　素嚕素嚕計　嚩囉嚩囉計　韈囉計　尾哩呬哩　一切毒
消除　願勿相侵害　七佛諸世尊　正遍知覺者　及以聲聞眾　威光滅諸毒
噎攞謎攞　壹里謎攞　底里底里謎攞　底賀努賀　尾麼努麼　噎蘇　努麼
遜麼　頓麼　三麼頓麼　阿嫲曩嫲　矩攞矩嚩曩嫲　嚩囉灑覩禰嚩　伊里枳

枲　三曼帝曩　曩嚩麼娑　娜娑麼娑　昧怛哩謎　薩嚩薩怛微數　畝薩嫡
畝娜哩抳　計嚩擿計　嚩乇迦慕隸　伊底攝嚩嚇　覩迷鼻覩迷　畢哩孕迦嚇
阿嚩穌　跛哩嚩穌那舞那計曩　嚩囉灑覩禰舞　曩謨娑誐嚩姤印捺囉　遇跛
枲迦野　壹置乇野　遇怒呬迦野　勃陵誐哩迦野　阿黎多黎　君多黎　阿捨
顆　播捨顆　播跛顆矩黎　曩謨娑誐嚩跢喃　悉鈿覩滿怛囉鉢那娑嚩賀

毘鉢尸如來，無憂樹下坐，
尸棄佛世尊，依止奔陀利。
毘舍浮如來，住在娑羅林，
拘留孫如來，尸利娑樹下。
羯諾迦大師，烏曇跋羅樹，
迦葉波善逝，尼俱陀樹下。
釋迦牟尼佛，聖種喬答摩，
坐於菩提樹，證無上正覺。

是等諸世尊，皆具大威德，
諸天廣供養，咸生敬信心。
一切諸鬼神，皆生歡喜念，
令我常安隱，遠離於衰厄。

七佛世尊所說明曰：

怛儞也他　壹里弭里　枳里尾里　計里嚩里　嗢努囉　蘇努謨禰　慕薩囉　護護　迦囉逝　迦囉惹母嚇　壹底捨嚩跢　矩覩哩　曩囉野抳　跛捨寧頁　跛捨跛捨寧頁　劫比囉嚩窣覩　伊哩嚩悉鈿覩　捺囉弭拏　滿怛囉跛娜娑嚩賀

「復次，阿難陀！有大藥叉名是索訶世界主梵天王、天帝釋、四大天王、二十八大藥叉將共所宣說，若有受持如是大藥叉名者，設有鬼神發起惡心欲相惱亂者，頭破作七分猶如蘭香梢。即說藥叉名曰：

怛儞也他　吉底慕嚇噎嚕慕嚇　三滿多慕隸　阿孀曩孀　矩薩曩孀　伊帝弭帝　播嚕阿嚕拏句　伊里枳唧里遇　怒呬迦　嗢鈍度麼　牝娜吠拏

願二足吉祥，四足亦吉祥，
行路中吉祥，迴還亦吉祥，
願夜中吉祥，晝日亦吉祥，
一切處吉祥，勿值諸罪惡，
一切日皆善，一切宿皆賢，
諸佛皆威德，羅漢皆斷漏，
以斯誠實言，願我常吉祥。

佛告阿難陀：「若讀誦此大明王經，作如是語，此大孔雀明王佛所宣說，願以神力常擁護我，饒益攝受為作歸依，寂靜吉祥無諸災患，刀杖毒藥勿相侵損，我今依法結其地界、結方隅界，除諸憂惱，壽命百歲願度百秋。

「復次，阿難陀！有大藥叉王及諸藥叉將，住大海邊或住妙高山及餘諸山，或居曠野，或住諸河川澤陂池屍林坎窟，村巷四衢，園苑林樹，或居餘處，有大藥叉住阿拏挽多大王都處，如是等眾成願以此佛母大孔雀明王陀羅尼，擁護於我某甲并諸眷屬，壽命百年。即說陀羅尼：

怛儞也他　賀哩賀哩抳　佐里佐里𩕳　怛囉跛抳　謨賀𩕳　娑擔婆𩕳

昝婆𩕳　娑嚩演僕　娑嚩賀

「復次，阿難陀！東方有大天王名曰持國，是彥達嚩主，以無量百千彥達嚩而為眷屬，守護東方。彼有子孫、兄弟、軍將、大臣、雜使如是等眾，彼亦以此佛母大孔雀明王陀羅尼，擁護於我某甲并諸眷屬，為除憂惱，壽命百歲願見百秋。陀羅尼曰：

怛儞也他　粗粗嚕　粗粗嚕　粗粗嚕　粗粗嚕　粗粗嚕　粗嚕粗嚕　粗嚕謎娑嚩賀

「復次，阿難陀！南方有大天王名曰增長，是矩畔拏主，以無量百千矩畔拏而為眷屬守護南方。彼有子孫、兄弟、軍將、大臣、雜使如是等眾，彼亦以此佛母大孔雀明王陀羅尼，擁護於我某甲并諸眷屬，為除憂惱，壽命百歲願見百秋。陀羅尼曰：

怛儞也他　吠嚕計吠嚕計　阿蜜怛囉加多顊　嚩嚕拏嚩底　吠努麼里顊
吠哩顊　補怛哩計　祖祖唧祖　娑嚩賀

「復次，阿難陀！此西方有大王天名曰廣目，是大龍王，以無量百千諸龍而為眷屬守護西方。彼有子孫兄弟軍將大臣雜使如是等眾，彼亦以此佛母大孔雀明王陀羅尼，擁護於我某甲并諸眷屬，為除憂惱，壽命百歲願見百秋。

陀羅尼曰：

怛儞也他　吠努哩吠努哩　麼置帝麼置帝　句胝句胝　尾儞庚麼底　護護護護護護護護護　護嚕護嚕護嚕護嚕護嚕護嚕護嚕　祖祖祖祖祖祖祖祖
左左左左左左左左嚧娑嚩賀

「復次，阿難陀！北方有大天王名曰多聞，是藥叉王，以無量百千藥叉而為眷屬守護北方。彼有子孫、兄弟、軍將、大臣、雜使如是等眾，彼亦以此佛母大孔雀明王陀羅尼，擁護於我某甲并諸眷屬，為除憂惱，壽命百歲願見百秋。陀羅尼曰：

怛儞也他　素哩素哩　施哩施哩　麼底賀哩　賀哩麼底　迦哩哩　賀哩哩　閉嚕閉嚕　氷誐黎　祖魯祖魯　鈍度麼底　賀單尾衫　鈍度麼底娑嚩賀

「東方名持國，南方號增長，西方名廣目，北方名多聞天，此四大天王，護世有名稱，四方常擁護，大軍具威德，外怨悉降伏，他敵不能侵，神力有光明，常無諸恐怖，天與阿蘇羅或時共鬪戰，此等亦相助，令天勝安隱，如是等大眾亦以此明王，護我并眷屬，無病壽百歲。陀羅尼曰：

怛儞也他　噎隸謎隸　底哩謎隸　嚩勢努迷努努迷　若祈雨時應稱此四句嚩囉灑覩禰嚩三滿帝曩若息災祈願時應云某甲并諸眷屬求所願滿　呬哩弭哩　頓吠覩頓吠頞穌嚩穌　路跛囉麼努嚩穌　嚩囉灑覩禰務　誐嚕彥跢野　頓嫡覩頓嫡鏃計穆計　伊哩膩　弭里膩　呬里呬黎　護魯護黎　呬哩弭里　覩黎多嚕里娑嚩賀

天阿蘇羅藥叉等，來聽法者應志心，
擁護佛法使長存，各各勤行世尊教。

諸有聽徒來至此，或在地上或居空，
常於人世起慈心，晝夜自身依法住。
願諸世界常安隱，無邊福智益群生，
所有罪障並消除，遠離眾苦歸圓寂。
恒用戒香塗瑩體，常持定服以資身，
菩提妙花遍莊嚴，隨所住所常安樂。

佛母大孔雀明王經卷中

佛告阿難陀：「汝當稱念大藥叉王及諸大藥叉將名字，所謂：
矩吠囉長子，　名曰珊逝耶，
常乘御於人，　住弭癡羅國，
以天誠實威，　眾皆從乞願。

彼亦以此佛母大孔雀明王真言，擁護我某甲并諸眷屬，為除憂惱，壽命百歲願見百秋。即說真言曰：

怛儞也他　嚩黎　嚩勒迦黎　摩蹬倪　戰拏哩　補嚕灑抳　尾唧里顊　遇哩　摩蹬倪　戰拏哩　麼里顊　呬哩呬哩　阿蘖底蘖底　彥馱哩　句瑟恥　迦嚩哩　尾賀顊　呬哩劍謎娑嚩賀

羯句忖那神，波吒梨子處；
阿跋羅爾多，住窣土奴邑；
賢善大藥叉，住於世羅城；
摩那波大神，常居於北界；
大聖金剛手，住居王舍城，
常在鷲峯山，以為依止處；
大神金翅鳥，毘富羅山住；
質怛囉笈多，質底目溪住；

薄俱羅藥叉，住於王舍城，
營從并眷屬，有大威神力；
大小黑藥叉，劫比羅城住，
是釋族牟尼，大師所生處；
現足大藥叉，吠囉耶城住；
摩醯首藥叉，止羅多國住；
勿賀娑鉢底，住於舍衛城；
娑梨囉藥叉，娑雞多處住；
金剛杖藥叉，毘舍離國住；
訶里氷蘖囉，力士城中住；
大黑藥叉王，婆羅拏斯國；
藥叉名善現，住於占波城；
吠史怒藥叉，住在墮羅國；

馱羅抳藥叉，住於護門國；
可畏形藥叉，住於銅色國；
末達那藥叉，烏洛迦城住；
呵咤薄俱將，曠野林中住；
劫比羅藥叉，住於多稻城；
護世大藥叉，嗢逝尼國住；
韈蘇步底神，阿羅挽底住；
水天藥叉神，婆盧羯泚國；
歡喜大藥叉，住於歡喜城；
持鬘藥叉神，住在勝水國；
阿難陀藥叉，末羅鉢吒國；
白牙齒藥叉，住於勝妙城；
堅固名藥叉，末娑底國住；

大山藥叉王，住在山城處；
婆颯婆藥叉，住居吠爾勢；
羯底雞藥叉，住嚧呬多國；
此藥叉童子，名聞於大城；
百臂大藥叉，住在頻陀山；
廣車藥叉神，羯陵伽國住；
能征戰藥叉，窣鹿近那國；
雄猛大藥叉，遏祖那林住；
曼拏波藥叉，末達那國住；
山峯藥叉神，住於摩臘婆；
魯捺囉藥叉，嚧呬多馬邑；
一切食藥叉，住於奢羯羅；
波利得迦神，少智洛雞住；

商主財自在，住在難勝國；
峰牙及世賢，跋娑底耶國；
尸婆藥叉王，住食尸婆城；
寂靜賢藥叉，住在可畏國；
因陀羅藥叉，因陀羅國住；
華幢藥叉王，住於寂靜城；
那嚕迦藥叉，那嚕迦城住；
劫比羅藥叉，常在邑城住；
寶賢及滿賢，住梵摩伐底；
能摧他藥叉，住建設羅國；
能壞大藥叉，得叉尸羅住；
驢皮藥叉神，在於吐山佳；
三蜜藥叉主，阿努波河側；

發光明藥叉，盧鹿迦城住；
喜長藥叉神，呬隅摧國住；
婆以盧藥叉，住居婆以地；
愛鬪諍藥叉，住在濫波城；
蘖踏婆藥叉，末土羅城住；
䴵腹藥叉土，住在楞伽城；
曰光明藥叉，住在蘇那國；
屼頭山藥叉，住憍薩羅國；
勝及大勝神，住在半尼國；
圓滿大藥叉，末羅那國住；
緊那羅藥叉，計羅多國住；
護雲藥叉王，住在伴拏國；
謇拏迦藥叉，住在安立國；

僧伽離藥叉，必登蘗哩住；
引樂藥叉神　但楞蘗底住；
孫陀羅藥叉，那斯雞國住；
阿僧伽藥叉，婆盧羯車住；
難儞大藥叉，及子難儞迦，
此二藥叉王，羯訶吒住迦；
垂腹大藥叉，羯陵伽國仕；
大臂藥叉王，憍薩羅國住：
娑悉底迦神，娑底羯吒國；
波洛伽藥叉，常在林中住；
賢耳大藥叉，怛胝肩國住；
勝財藥叉神，住居陸滿國；
氣力大藥叉，毘囉莫迦住；

喜見藥叉神，住阿般底國；
尸騫馱藥叉，住在牛摧國；
愛合掌藥叉，住居吠儞勢；
陛瑟致得迦，住在蓋形國；
調摩竭藥叉，住在三層國；
廣目藥叉神，住居一腋國；
安孥婆藥叉，優曇跋羅國；
無功用藥叉，憍閃彌羅住；
微盧者那神，寂靜意城住；
遮羅底迦神，住居蛇蓋國；
赤黃色藥叉，劍畢離國住；
薄俱囉藥叉，嘔逝訶那住；
布喇孥藥叉，住曼孥比國；

顰迦謎沙神，半遮離城住；
難摧大藥叉，蘗度娑國往；
堅頬藥叉神，住在水天國；
脯闌逝野神，住居鬪戰國；
怛洛迦藥叉，及俱怛洛迦，
二大藥叉王，住在俱盧土；
大烏嚧佉羅，及與迷佉羅，
此二藥叉王，威德具名稱，
并與諸眷屬，亦住俱盧土；
微帝播底神，及以義成就，
此二藥叉王，阿曳底林住；
往成就藥叉，窣鹿近那住；
窣吐羅藥叉，住窣吐羅國；

虎力師子力，并大師子力；
俱胝年大將，他勝宮中住；
華齒藥叉神，住在占波城；
摩竭陀藥叉，住在山行處；
鉢跋多藥叉，瞿瑜伽處住；
蘇曬那藥叉，那羯羅國住；
勇臂大藥叉，娑雞多邑住；
能引樂藥叉，住在哥乾底；
無勞倦藥叉，住憍閃彌國，
賢善藥叉神，住於賢善國；
步多面藥叉，波吒離子住；
無憂大藥叉，住在迦遮國；
羯徵羯吒神，菴婆瑟侘住；

成就義藥叉，住在天腋國；
曼那迦藥叉，住在難勝國，
解髮藥叉神，住居勝水國；
寶林藥叉神，住先陀婆國；
常謹護藥叉，劫毘羅國住。
羯吒微羯吒，迦毘羅衛國；
慳恪藥叉神，住乾陀羅國；
墮羅藥叉神，膩攞耶堅住；
處中藥叉神，賢善名稱住；
吠璃瑠藥叉，堅實城中住；
染薄迦藥叉，住居沙磧地；
舍多大藥叉，及以毘羯吒；
此二藥叉神，物那摘迦住；

毘摩尼迦神，提婆設摩住；
曼陀羅藥叉，捺羅那國住；
作光藥之神，羯濕彌羅國；
占博迦藥叉，在羯吒城住；
半支迦藥叉，羯濕彌羅國；
具足五百子，有大軍大力；
長子名肩目，住在支那國，
諸餘兄弟等，憍尸迦國住；
牙足藥叉神，羯陵迦國住；
曼荼羅藥叉，住曼荼藥國；
楞伽自在神，住於迦畢試；
摩利支藥叉，羅摩腳差住；
達摩波羅神，住在於疎勒；

大肩藥叉神，薄佉羅國住；
毘沙門王子，具眾德威嚴，
住在覩火羅，有大軍大力；
一俱胝藥叉，而為其眷屬；
娑多山藥叉，及以雪山神。
此二大藥叉，辛都河側住；
執三戟藥叉，住在三層殿；
能摧大藥叉，羯陵伽國住；
半遮羅獻拏，達彌拏國住；
財自在藥叉，住在師子國；
鸚鵡口藥叉，住於曠野處；
兢羯娑藥叉，常依地下住；
有光明藥叉，白蓮華國住；

設弭羅藥叉，於大城中住；
能破他藥叉，捺羅泥國住；
氷蘗羅藥叉，菴末離國住；
末末拏藥叉，末末拏藏國；
摩怛哩藥叉，住於施欲國；
極覺藥叉神，布底嚩吒國；
那吒矩韈囉，住於迦畢試；
鉢囉設囉神，鉢羅多國住；
商羯羅藥叉，住在爍迦處；
毘摩質多羅，莫里迦城住；
氷羯羅藥叉，羯得迦國住；
滿面藥叉神，奔拏韈達那；
羯囉羅藥叉，住在烏長國；

甕腹藥叉神，憍薩羅國住；
摩竭幢大神，住居沙磧處；
質怛羅細那，僕迦那國住；
囉嚩拏藥叉，羅摩陀國住；
赤黃色藥叉，羅尸那國住；
樂見藥叉神，鉢尼耶國住；
金毘囉藥叉，住於王舍城，
常居毘富羅，有大軍大力，
萬俱胝藥叉，而為其眷屬；
瞿波羅藥叉，住在蛇蓋國；
頞洛迦藥叉，頞洛迦城住；
難提藥叉神，住在難提國；
末里大天神，住居村巷處；

毘沙門居住，佛下寶階處；
遏拏挽多城，億眾神圍繞，
如是等藥叉，有大軍大力，
降伏他怨敵，無有能勝者，
名稱滿諸方，具足大威德，
天與阿修羅，戰時相助力。

「此等福德，諸神大藥叉將遍贍部州，護持佛法，咸起慈心。彼亦以此佛母大孔雀明王真言，常擁護我某甲攝受饒益令得安隱。所有厄難皆悉消除，或為刀杖損傷，或被毒中王賊水火之所逼惱，或為天龍藥叉所持，及諸鬼等乃至畢隸索迦，行惡病者，悉皆遠離。於我某甲并諸眷屬，我結地界、結方隅界，讀誦此經，除諸憂惱，壽命百歲願見百秋。即說真言曰：

怛儞也他　阿迦穌　尾迦穌　訶哩抳　賀哩抳　馱囉抳馱囉抳　護計護計　母計母計我某甲所有病苦**賀曩賀曩　賀曩賀曩　賀曩賀曩　賀曩賀曩**

賀曩賀曩 我某甲所有恐怖 娜賀娜賀 娜賀娜賀 娜賀娜賀 娜賀娜賀

娜賀娜賀 我某甲所有怨家 跛左跛左 跛左跛左 跛左跛左 跛左跛左 跛

左跛左 我某甲所有不饒益事 度度度度度度度度度 我某甲所有遭毒藥 賀賀

賀賀賀賀賀賀賀賀 我某甲所有他人厭禱 爾置爾置 爾置爾置 爾置爾置 爾

置爾置 爾置爾置 我某甲所有罪業願皆消滅 祖嚕祖嚕 祖嚕祖嚕 祖嚕祖嚕

祖嚕祖嚕 祖嚕祖嚕 呬哩呬哩 呬哩呬哩 呬哩呬哩 呬哩呬哩 呬哩

呬哩 弭哩弭哩 弭哩弭哩 弭哩弭哩 弭哩弭哩 弭哩弭哩 普嚕普嚕

普嚕普嚕 普嚕普嚕 普嚕普嚕 普嚕普嚕 唧置唧置 唧置唧置 唧置唧

置 唧置唧置 唧置唧置 呬計 弭計 唧計 尾計 室哩 跛捺𡃤瞢蘖黎

三滿多跛捺𡃤 薩嚩囉他娑馱寧 阿麼𡃤 尾麼𡃤 贊捺囉鉢囉陛 素哩野

建帝 努吠 怒努吠 畢哩孕迦隸 娑嚩賀

惟願諸神等，常擁護我某甲并諸眷屬，壽命百歲，願見百秋。

佛告阿難陀：「復有二十八藥叉大將名號，汝當稱念，此等藥叉大將，能於十方世界覆護一切眾生，為除衰患厄難之事，有四藥叉大將住於東方，擁護東方所有眾生，令離憂苦，其名曰：儞伽、蘇甯怛囉、布囉拏迦、劫比攞。彼亦以此佛母大孔雀明王，擁護我某甲并諸眷屬，壽命百年。說所求事皆准此

「阿難陀！有四藥叉大將住於南方，擁護南方所有眾生，令離憂苦，其名曰：僧賀、塢跛僧賀、餉企攞、難那，彼亦以此佛母大孔雀明王，擁護我某甲并諸眷屬，壽命百年。說處說所求事

「阿難陀！有四藥叉大將住於西方，擁護西方所有眾生，令離憂苦，其名曰：賀囉、賀哩計爍、鉢囉僕、劫比羅，彼亦以此佛母大孔雀明王，擁護我某甲并諸眷屬，壽命百年。說所求事

「阿難陀！有四藥叉大將住於北方，擁護北方所有眾生，令離憂苦，其名曰：馱羅拏、馱囉難弩、嘔儞庾業播路、尾瑟弩，彼亦以此佛母大孔雀明王，擁護我某甲并諸眷屬，壽命百年。說所求事

「阿難陀！有四藥叉大將各住四維，擁護四維所有眾生，令離憂苦，其名曰：半止腳、半者羅巘拏、娑跢儗哩、彥壓嚩多，彼亦以此佛母大孔雀明王，擁護我某甲并諸眷屬，壽命百年。說所求事

「阿難陀！有四藥叉大將常居於地，擁護所有地居眾生，令離憂苦，其名曰：步莫、蘇步莫、迦囉、塢跛迦囉，彼亦以此佛母大孔雀明王，擁護我某甲并諸眷屬，壽命百年。說所求事

「阿難陀！有四藥叉大將常在空居，擁護所有空居眾生，令離憂苦，其名曰：素哩野、素謨、阿儗顊、嚩庾，彼亦以此佛母大孔雀明王，擁護我某甲并諸眷屬，壽命百年。說所求事

「復次，阿難陀！汝當稱念多聞天王兄弟軍將名號，此等擁護一切有情，為除災禍、厄難、憂苦，遊行世間作大利益，其名曰：印捺囉、素摩、嚩嚕拏、鉢囉惹跛底、婆囉納縛惹、伊舍那、室戰那諾、迦莫、室嚇瑟姹矩顊建姹、顊建姹迦、嚩膩壓抳、壓抳者囉、鉢囉、鉢囉拏那、塢跛半止去、

娑路儗哩、彥麼嚩多、布囉拏、佉儞羅、句尾諾、遇跛囉藥叉、阿吒嚩句、曩囉邏闍、爾捺乞灑、半者囉巘拏、蘇母契、儞伽藥叉、薩跛哩惹諾、唧怛囉細曩、濕嚩彥達嚩、底哩頗哩、左怛哩建吒迦、儞伽爍底、室左麼多哩。此等藥叉是大軍主統領諸神，有大威力皆具光明，形色圓滿，名稱周遍，是多聞天王法兄弟，多聞天王常勅此等藥叉兄弟：『若諸鬼神侵擾彼人者，汝等為作擁護，勿使惱亂，令得安樂。』諸藥叉聞已，依教奉行。

「此等藥叉大將，亦以此佛母大孔雀明王，守護於我并諸眷屬，壽命百年。若有鬪諍苦惱之事現我前時，願藥叉大將常衛護我某甲并諸眷屬，令離憂苦。或為天龍所持、阿蘇羅所持、麼嚕多所持、誐嚕拏所持、彥達嚩所持、緊那羅所持、摩護羅誐所持、藥叉所持、羅刹娑所持、畢嚟多所魅、比舍遮所魅、步多所魅、矩伴拏所魅、布單那所魅、羯吒布單那所魅、塞建那所魅、嗢麼那所魅、車耶所魅、阿鉢娑麼羅所魅、塢娑路囉迦所魅、諾刹怛囉所魅、隸跛所魅，為如是等鬼神所持所魅者，願佛母明王皆擁護我某甲并諸眷屬，令離憂惱、壽命百年。

「復有諸鬼食精氣者、食胎者，食血者、食肉者，食脂膏者、食髓者，食生者、食命者，食祭祠者、食氣者，食香者、食鬘者，食花者、食果者，食苗稼者、食火祠者，食膿者、食大便者，食小便者、食涕唾者，食涎者、食洟者，食殘食者、食吐者，食不淨物者、食漏水者，如是等鬼魅所惱亂時，願佛母明王擁護於我某甲并諸眷屬，令離憂苦，壽命百年，願見百秋，常受安樂。若復有人造諸蠱魅厭禱咒術，作諸惡法，所謂：訖嘌底迦、羯麼拏、迦具嘌那、枳囉拏吠跢拏、賀嚩娜多、嘔度跢多。飲他血髓、變人驅役、呼召鬼神造諸惡業、惡食、惡吐、惡影、惡視、或造厭書或惡跳、惡驀或惡冒，逆作惡事時，皆擁護我某甲并諸眷屬，令離憂苦。又有諸怖：王怖、賊怖、水火等怖，或他兵怖、惡友劫殺、怨敵等怖，遭饑饉怖、夭壽死怖、地震動怖、諸惡獸怖如是等怖，皆護於我某甲。

「又復諸病：疥、癩、瘡、癬、痔、漏、癰、疽，身皮黑澁、飲食不消、頭痛、半痛、眼耳鼻痛、口脣頰痛、牙齒舌痛，及咽喉痛、胸脅背痛，心痛、肚痛、腰痛、腹痛，脾痛、膝痛、或四肢痛、隱密處痛、瘦病乾痟、遍身疼痛。如是等痛，悉皆除滅。又諸瘧病：一日、二日、三日、四日，乃至七日、半月、一月，或復頻日、或復須臾，或常熱病、偏邪瘻病、鬼神壯熱、風黃痰癊，或三集病、四百四病、一切瘧病。如是等病，悉令殄滅。我今結其地界、結方隅界、讀誦此經，令得安隱。娑嚩賀

復說伽他曰：

令我夜安，晝日亦安，一切時中，諸佛護念。

「復次，阿難陀！有十二大畢舍遮女，亦應稱名，如是鬼女，於菩薩處胎時、初生時及生已，此等鬼女，常為守護。其名曰：覽麼、尾覽麼、缽囉覽麼、塢覽麼、賀哩底、賀哩計試、賀哩氷孽攞、迦哩、迦囉里、劍母仡哩嚩、迦枳、迦攞戍娜哩者。此等鬼女，有大神力，具大光明，形色圓滿，名稱周遍。天阿蘇羅共戰之時，現大威力。彼亦以此佛母大孔雀明王真言，守

護於我某甲并諸眷屬，壽命百年。真言曰：

怛儞也他　賀隸　佉隸　齲隸　麼黎　弭黎　母黎　麼帝　曼膩底計

護嚕護嚕　護嚕護嚕　護嚕護嚕　弭膩弭膩　弭膩弭膩　娑嚩娑底　娑嚩娑底　娑嚩娑底　娑嚩娑底　娑嚩賀

「阿難陀！復有八大女鬼，亦應稱名，是諸女鬼於菩薩處胎時、初生時及生已，此等女鬼常為守護。其名曰：末那、麼娜曩、麼怒得迦吒、塢跛末娜、畢隸底、污惹賀哩、阿捨𩕳、仡囉薩寧制底。此等女鬼，有大神力，具大光明，形色圓滿，名稱周遍，天阿蘇羅共戰之時，現大威力。彼亦以此佛母大孔雀明王真言，守護於我某甲并諸眷屬，壽命百年。真言曰：

怛儞也他　賀𡅅　佉𡅅　齲𡅅　麼黎　弭黎　母黎　麼帝　曼膩底計

護嚕護嚕　護嚕護嚕　護嚕護嚕　弭膩弭膩　弭膩弭膩　娑嚩娑底　娑嚩娑底　娑嚩娑底　娑嚩娑底迦　娑嚩賀

「阿難陀！復有七大女鬼亦應稱名，此諸女鬼於菩薩處胎時、初生時及生已，此等女鬼常為守護。其名曰：阿虁嚕儞迦、囉乞史、底迦、質怛囉比舍止迦、布囉拏跋捺哩迦、阿儗顊囉乞史底迦、蜜怛囉迦里迦、乙嘌史囉乞史底迦、制底。此等女鬼，常噉血肉，觸惱於人。有大神力，具大光明，形色圓滿，名稱周遍。又阿蘇羅共戰之時，現大威力，彼亦以此佛母大孔雀明王真言，守護於我某甲并諸眷屬，壽命百年。真言曰：

怛儞也他　賀嚇　佉嚇　齵嚇　麼黎　弭黎　母黎　麼帝　曼膩底計　護嚕護嚕　護嚕護嚕　護嚕護嚕　護嚕護嚕　弭膩弭膩　弭膩弭膩　娑嚩娑底　娑嚩娑底　娑嚩娑底　娑嚩娑底　娑嚩賀

「阿難陀！復有五大女鬼當稱彼名，此女鬼等於菩薩處胎時、初生時及生已，此等女鬼常為守護。其名曰：君姹、顊君姹、難娜、尾史努擺、劫比擺。彼等女鬼有大神力，具大光明，形色圓滿，名稱周遍。天阿蘇羅共戰之時，現大威力。彼亦以此佛母大孔雀明王真言，守護於我某甲并諸眷屬，壽命百年。真言曰：

怛儞也他　賀隸　佉隸　齲隸　麼黎　弭黎　母黎　麼帝　曼膩底計

護嚕護嚕　護嚕護嚕　護嚕護嚕　弭膩弭膩　弭膩弭膩　娑嚩娑

底　娑嚩娑底　娑嚩娑底　娑嚩娑底　娑嚩賀

「阿難陀！復有八大羅剎女，於菩薩處胎時、初生時及生已，此等羅剎女，常為衛護。其名曰：謨賀、蘇試麼、矩舍乞史、計矢顊、劍冐餌、蘇蜜怛囉、路呬路乞史、迦者囉。

此等羅剎女，有大神力，具大光明，形色圓滿，名稱周遍。天阿蘇羅共戰之時，現大威力。常取用童男、童女血肉充食、入新產家及空宅處，隨光而行，喚人名字，歙人精氣，甚可怖畏，驚恐於人，無慈愍心。彼亦以此佛母大孔明王真言，守護於我某甲并諸眷屬，壽命百年。真言曰：

怛儞也他　賀隸　佉隸　齲隸　麼黎　弭黎　母黎　麼帝　曼膩底計

護嚕護嚕　護嚕護嚕　護嚕護嚕　護嚕護嚕　弭膩弭膩　弭膩弭膩　娑嚩娑

底　娑嚩娑底　娑嚩娑底　娑嚩娑底　娑嚩賀

「阿難陀！復有十大羅剎女，於菩薩處胎時、初生時及生已，此等羅剎女，常為衛護。其名曰：賀哩底羅剎女、難那羅剎女、冰蘗囉羅剎女、餉棄顊羅剎女、迦以迦爾剎女、禰嚩蜜怛羅羅剎女、禁婆羅羅剎女、君娜牙羅剎女、覽尾迦羅剎女、阿曩羅羅剎女。此等羅剎女，有大神力具大光明，形色圓滿，名稱周遍。天阿蘇羅共戰之時，現大威力。彼亦以此佛母大孔雀明王真言，守護於我某甲并諸眷屬，壽命百年。真言曰：

怛儞也他　賀嚟　佉嚟　齲嚟　麼黎　弭黎　母黎　麼帝　曼膩底計
護嚕護嚕　護嚕護嚕　護嚕護嚕　護嚕護嚕　弭膩弭膩　弭膩弭膩　娑嚩娑
底　娑嚩娑底　娑嚩娑底　娑嚩賀

「阿難陀！復有十二大羅剎女，於菩薩處胎寺、初生時及生已，此等羅剎女，常為衛護。其名曰：無主羅剎女、大海羅剎女、毒害羅剎女、施命羅剎女、明智羅剎女、持弓羅剎女、持爍底羅剎女、持刀羅剎女、持犁羅剎女、持輪羅剎女、輪團邏剎女、可畏羅剎女。此等羅剎女，有大神大，具大光明，形色圓滿，各稱周遍。天阿蘇歲共戰之時，現大威力。彼亦以此佛母大孔雀明王真言，守護於我某甲並諸眷屬，壽命百年。真言曰：

怛儞也他　賀嚇　佉嚇　麣嚇　麼梨　弭黎　母黎　麼帝　曼膩底計　護魯護魯　護魯護魯　護魯護魯　護魯護魯　弭膩弭膩　弭膩弭膩　娑嚩娑底　娑嚩娑底　娑嚩娑底　娑嚩娑底　娑嚩賀

「阿難陀！復有十二天母，於諸有情，常為觸惱，驚怖欺誑。此諸天母於菩薩處胎時及初生時及生已，此天母等常為衛護。其名曰：沒囉憾銘、嘮捺哩、矯麼哩、吠瑟拏微、愛捺哩、嚩囉呬、矯吠哩、嚩嚕抳、夜弭野、嚩葉尾野、阿仡顊曳、摩賀迦離。此等天母，有大神力，具大光明，形色圓滿，名稱周遍。天阿蘇羅共戰之時，現大威力。彼亦以此佛母大孔雀明王真言，守護於我某甲并諸眷屬，壽命百年。真言曰：

怛儞也他　賀嚇　佉嚇　麣嚇　麼黎　弭黎　母黎　麼帝　曼膩底計　護嚕護嚕　護嚕護嚕　護嚕護嚕　護嚕護嚕　弭膩弭膩　弭膩弭膩　娑嚩娑

底　娑嚩娑底　娑嚩娑底　娑嚩娑底　沙嚩賀

「阿難陀！復有一大畢舍支女，名曰一髻，是大羅剎婦，居大海岸聞血氣香，於一夜中行八萬踰繕那，於菩薩處胎時、初生時及生已，此羅剎婦常為衛護。彼亦以此佛母大孔雀明王真言，守護於我某甲并諸眷屬，壽命百年。真言曰：

怛儞也他　賀嚇　佉嚇　麟嚇　麼黎　弭黎　母黎　麼帝　曼膩底計　護嚕護嚕　護嚕護嚕　護嚕護嚕　護嚕護嚕　弭膩弭膩　弭膩弭膩　娑嚩娑底　娑嚩娑底　娑嚩娑底　娑嚩賀

「阿難陀！復有七十三大羅剎女，彼等於菩薩處胎時、初生時及生已，此羅剎女等常為守護。其名曰：劫比囉羅剎女、鉢努摩羅剎女、麼呬史羅剎女、謨哩迦羅剎女、娜膩迦羅剎女、耑入嚩攞顊羅剎女、答跛顊羅剎女、羯攞施羅剎女、尾麼羅羅剎女、馱囉抳羅剎女、賀哩室戰捺囉羅剎女、嚧呬抳羅剎女、摩哩支羅剎女、護跢捨顊羅剎女、嚩嚕抳羅剎女、迦離羅剎女、君惹羅羅剎女、末羅羅剎女、蘗散𩕳羅剎女、迦囉離羅剎女、摩蹬儗羅剎女、冰蘗羅羅剎女、頻拏囉羅剎女、具哩羅剎女、嶼馱里羅剎女、矩伴膩羅剎女、迦唧儗羅剎女、婆囉𩕳羅剎女、末娜寧羅剎女、阿捨𩕳羅剎女、食胎羅剎女、食血羅剎女、包齒羅剎女、驚怖羅剎女、沒羅憾彌羅剎女、怛拏嶫播囉羅剎女、持金剛羅剎女、塞謇那羅剎女、答摩羅剎女、行雨羅剎女、震雷羅剎女、擊聲羅剎女、擊電羅剎女、足行羅剎女、炬口羅剎女、持地羅剎女、黑夜羅剎女、焰摩使羅剎女、無垢羅剎女、不動羅剎女、高髻羅剎女、百頭羅剎女、百臂羅剎女、百目羅剎女、常害羅剎女、摧破羅剎女、猫兒羅剎女、末拏囉羅剎女、夜行羅剎女、晝行羅剎女、愛粧羅剎女、忿怒羅剎女、留難羅剎女、持刀棒羅剎女、持三戟叉羅剎女、牙出羅剎女、意喜羅剎女、寂靜羅剎女、燥暴羅剎女、難多羅剎女、咽林摩羅剎女、青色羅剎女、質怛囉羅剎女。此等七十三諸羅剎女，有大神力，具大光明，形色圓滿，名稱周遍。天阿蘇羅共戰之時，現大威力。彼亦以此佛母大孔雀明王真言，守護於我某甲并諸眷屬，壽命百年。真言曰：

怛儞也他　呬哩呬哩　弭哩弭哩　怛拏多嚩嬭　嚩計嚩計　護㘑護㘑　馱羅馱羅　賀囉賀囉　左攞左攞　祖魯祖魯娑嚩賀　曩莫薩嚩母馱南　娑嚩賀　鉢囉底曳迦母馱南娑嚩囉曷擔娑嚩賀　每怛㘑野寫冒地薩怛嚩寫娑嚩賀　薩嚩冒地薩怛嚩南娑嚩賀　阿曩誐弭南娑嚩賀　塞訖哩娜誐弭南娑嚩賀　素嚕跢半曩南娑嚩賀　三藐蘖路南娑嚩賀　底半曩南娑嚩賀　沒羅憾麼野娑嚩賀　印捺囉野娑嚩賀　鉢囉惹跛多曳娑嚩賀　伊舍曩野娑嚩賀　阿佉曩曳娑嚩賀　嚩野吠娑嚩賀　嚩嚕拏野娑嚩賀　琰麼野娑嚩賀　搗遍捺囉野娑嚩賀　吠室囉摩拏野　藥乞灑地鉢多曳娑嚩賀　地哩多囉瑟吒囉野　彥達嚩地鉢多曳娑嚩賀　尾嚕荼迦野　禁泮拏地鉢多曳娑嚩賀　尾嚕博乞灑野　曩誐地鉢多曳娑嚩賀　禰嚩喃娑嚩賀　曩誐南娑嚩賀　阿蘇囉南娑嚩賀　麼嚕路南娑嚩賀　誐嚕拏南娑嚩賀　彥達嚩南娑嚩賀　緊那囉南娑嚩賀　摩護囉誐南娑嚩賀　藥乞灑南娑嚩賀　囉乞察娑南娑嚩賀　畢㘑哆南娑嚩賀　比舍左南娑嚩賀

部路南娑嚩賀　禁伴拏南娑嚩賀　布旦曩南娑嚩賀　羯吒布旦曩南娑嚩賀
塞建娜南娑嚩賀　嗢麼娜南娑嚩賀　車耶南娑嚩賀　阿鉢娑麼囉南娑嚩賀
塢娑路囉迦南娑嚩賀　賛捺囉素哩野喻娑嚩賀　諾乞察怛囉喃娑嚩賀　仡
囉賀喃娑嚩賀　乳底釤娑嚩賀　乙嘌史喃娑嚩賀　悉馱沒囉路南娑嚩賀　悉
地野尾儞也南娑嚩賀　遇哩曳娑嚩賀　彥馱哩曳娑嚩賀　曩麌里曳娑嚩賀
阿蜜嘌路曳娑嚩賀　昝婆顊曳娑嚩賀　佐閉置曳娑嚩賀　捺囉弭膩曳娑嚩賀
捨嚩哩曳娑嚩賀　阿闥嚩捨嚩羅曳娑嚩賀　賛拏里曳娑嚩賀　麼蹬儗曳娑嚩
賀　曩誐仡哩仍夜野娑嚩賀　誐嚕拏紇哩仍夜野娑嚩賀　麼曩枲曳娑嚩賀　摩
賀摩曩枲曳娑嚩賀　灑拏乞灑哩曳娑嚩賀　麼抳跛捺囉野娑嚩賀　三滿多跛
捺囉野娑嚩賀　摩賀三滿多跛捺囉野娑嚩賀　摩賀三麼野娑嚩賀　摩賀鉢囉
底細囉野娑嚩賀　試多嚩曩野娑嚩賀　摩賀試多嚩曩野娑嚩賀　摩賀難拏馱
囉抳曳娑嚩賀　母呰隣娜野娑嚩賀　惹演底曳娑嚩賀　扇底曳娑嚩賀　阿濕
嚩訖哩多野娑嚩賀　摩賀麼庚里野尾儞野囉惹野娑嚩賀

「如是等大明大真言，大結界大護，能除滅一切諸惡。願破一切呪術惡業，願除滅蠱魅厭禱，願除滅具嘌那、枳囉、拏吠多拏、質遮、畢嚇灑迦，願除滅塞建那、嗢麼那車、耶阿、鉢娑麼囉，願除滅顛狂、癇病、消瘦、疥癩，願除滅種種鬼魅、諸惡食者，願除滅飲他血髓變人驅役，呼召鬼神造惡業者，願除滅諸怖、王怖、賊怖、水火等怖，惡友劫殺、怨敵等怖，他兵饑謹夭壽死怖、地動惡獸及諸死怖。願除滅惡食、惡吐、惡影、惡視、作厭書者，願除滅惡跳、惡驀、作惡冐逆者。願除滅一切瘧病一日二曰三日四日乃至七日半月一月、或復頻日、或復須臾、或常熱病等。願除滅一切瘡癬痔漏癰疽、偏邪瘿病、鬼神壯熱、風黃痰癊或三集病、四百四病。願除滅頭痛、半痛，飲食不消、眼耳鼻痛、口脣頰痛。願除滅牙齒舌痛、咽喉痛，胸脅背痛、心痛、肚痛。願除滅腰痛、腹痛、髀痛、膝痛及四支痛，隱密處痛及遍身疼痛。煩除滅龍毒、蛇毒、藥毒、咒毒、蠱毒、魅毒、一切諸毒悉皆殄滅。如是等一切鬼魅惡病生時，皆擁護我某甲并諸眷屬，悉令解脫，壽命百年。

「復次，阿難陀！汝當稱念諸龍王名字，此等福德龍王若稱名者，獲大利益。其名曰：佛世尊龍王、梵天龍王、帝釋龍王、焰摩龍王、大海龍王、海子龍王、娑蘗囉龍王、娑蘗羅子龍王、摩竭龍王、難陀龍王、塢波難馱龍王、那羅龍王、小那羅龍王、善見龍王、婆蘇枳龍王、德叉迦龍王、阿嚕拏龍王、婆嚕拏龍王、師子龍王、有吉祥龍王、吉祥因龍王、吉祥增長龍王、吉祥賢龍王、無畏龍王、大力龍王、設臘婆龍王、妙臂龍王、妙高龍王、日光龍王、月光龍王、大吼龍王、震聲龍王、雷電龍王、擊發龍王、降雨龍王、無垢龍王、無垢光龍王、頞洛迦頭龍王、跋洛迦頭龍王、馬頭龍王、牛頭龍王、鹿頭龍王、象頭龍王、濕力龍王、歡喜龍王、奇妙龍王、妙眼龍王、妙軍龍王、護嚕拏龍王、那母止龍王、母止龍王、母止隣陀龍王、羅娑拏龍王、羅笈婆龍王、室里龍王、山孤龍王、濫母嚕龍王、有蟲龍王、無邊龍王、羯諾迦龍王、象羯磋龍王、黃色龍王、赤色龍王、白色龍王、翳囉葉龍王、商佉龍王、阿跛羅龍王、黑龍王、小黑龍王、力天龍王、那羅延龍王、劍麼羅龍王、石髆龍王、弶伽龍王、信度龍王、嚩芻龍王、臬多龍王、吉慶龍王、無熱惱池龍王、善住龍王、翳羅跋拏龍王、持地龍王、持山龍王、持光明龍王、賢善龍王、極賢善龍王、世賢龍王、力賢龍王、寶珠龍王、珠胭龍王、二黑龍王、二黃龍王、二赤龍王、二白龍王、花鬘龍王、赤花鬘龍王、犢子龍王、賢句龍王、鼓音龍王、小鼓音龍王、菴末羅津龍王、寶子龍王、持國龍王、增長龍王、廣目龍玉、多聞龍王、車面龍王、占箄野迦龍王、驕答摩龍王、半遮羅龍王、五髻龍王、光明龍王、頻度龍王、小頻度龍王、阿力迦龍王、羯力迦龍王、跋力迦龍王、曠野龍王、緊質顊龍王、緊質迦龍王、緝馱迦龍王、黑驕答摩龍王、蘇麼那龍王、人龍王、根人龍王、上人龍王、摩蹬迦龍王、曼拏洛迦龍王、非人龍王、頞拏迦龍王、最勝龍王、難勝龍王、末攞迦龍王、阿嚕迦龍王、翳羅龍王、翳囉鉢拏龍王、阿囉婆路龍王、麼羅婆路龍王、摩那私龍王、羯句擿迦龍王、劫比羅龍王、勢婆洛迦龍王、青蓮華龍王、有爪龍王、增長龍王、解脫龍王、智慧龍王、極解脫龍王、毛毿馬勝二龍王、瞖羅迷羅二龍王、難陀跋難陀二龍王、阿齒羅龍王、大善現龍王、遍黑龍王、遍虫龍王、妙面龍王、鏡面龍王、承迎龍王、巘馱囉龍王、師子洲龍王、達弭拏龍王、二黑龍王、二白龍王、二小白龍王。

「如是等諸大龍王而為上首，及種類眷屬於此大地，或時震響、或放光明、或降甘雨成熟苗稼，已曾見如來受三歸依并受學處。奪金翅鳥怖、離火沙怖、免王役怖，常持大地，住大寶宮，壽命長遠，有大勢力富貴自在，無量眷屬具足神通，能摧怨敵，有大光明，形色圓滿，名稱周遍。天與修羅共戰之時，助威神力，令天得勝，彼諸龍王所有子孫、兄弟、軍將、大臣、雜使，皆亦以此佛母大孔雀明王真言，守護於我某甲并諸眷屬，令離憂苦，壽命百年，我及眷屬。若清淨、若不清淨、若迷醉、若放逸、若行往坐臥、若睡覺來去，一切時中，願皆擁護我等。或為天怖、龍怖、阿蘇羅怖、麼嚕多怖、誐嚕拏怖、彥達嚩怖、緊那羅怖、摩護囉誐怖、藥叉所怖、囉剎娑怖、畢隸多怖、比舍遮怖、步多所怖、矩伴拏怖、布單那怖、羯吒布單那怖、塞騫那怖、嗢摩那怖、車耶所怖、阿鉢娑摩囉怖、塢娑跢羅迦怖，如是等怖，悉皆遠離。

又有諸怖：王怖、賊怖、水火等怖、惡友劫殺、怨敵等怖，或他兵怖、遭饑饉怖。夭壽死怖，地震動怖、諸惡獸怖。所有一切恐怖之時，令我某甲并諸眷屬，悉皆解脫，復說伽他曰：

令我夜安隱，晝日亦吉祥，於一切時中，諸佛常護念。

南謨窣覩母駁野南謨窣覩冒駄曳南謨窣覩尾目訖多野南謨窣覩尾目訖多曳南謨窣覩扇多野南謨窣覩扇多曳南謨窣覩尾目訖多野南謨窣覩尾目訖多曳

諸有淨行婆羅門，能除一切諸惡業，

如是等眾我歸依，擁護我身并眷屬。

天阿蘇羅藥叉等，來聽法者應志心，

擁護佛法使長存，各各勤行世尊教。
諸有聽徒來至此，或在地上或居空，
常於人世起慈心，日夜自身依法住。
願諸世界常安隱，無邊福智益群生，
所有罪業並消除，遠離眾苦歸圓寂。
恒用戒香塗瑩體，常持定服以資身，
菩提妙花遍莊嚴，隨所住處常安樂。

佛母大孔雀明王經卷下

佛告阿難陀：「過去七佛正遍知者，亦復隨喜宣說佛母明王真言，汝當受持。微鉢尸如來正遍知者，亦隨喜宣說此佛母大孔雀明王真言曰：

怛儞也他　阿囉嬭　迦囉嬭　麼嬭　麼娜儞䕸馱寧　阿嚩嗹　捨嚩嗹　覩

𡅏覩𡅏　母𡅏母𡅏　捨嚩𡅏　鉢囉拏捨嚩𡅏　戶止　戶止　戶止　戶止　戶止

娑嚩賀

「復次，阿難陀！尸棄如來正遍知者，亦隨喜宣說此佛母大孔雀明王真言曰：

怛儞也他　壹[齒*來]弭[齒*來]　齲𡅏　尾齲𡅏　呬里　弭哩　計覩母黎　暗嚩𡅏

暗嚩𡅏嚩底　努謎怒謎　呬里呬里　矩止矩止　母止母止　娑嚩賀

「復次，阿難陀！毘舍浮如來正遍知者，亦隨喜宣說此佛母大孔雀明王真言曰：

怛儞也他　慕哩慕哩　計跛知　滿膩滿膩底計　賀𡅏賀𡅏　佉𡅏　伽𡅏

頗𡅏　頗黎　頗里[寧*頁]難帝　難底[寧*頁]　難底黎　捨迦知麼迦知　曩嫡　曩膩[寧*頁]

試哩試哩　試哩試哩　娑嚩賀

「復次，阿難陀！羯句忖那如來正遍知者，亦隨喜喧說此佛母大孔雀明王真言曰：

怛儞也他　呬膩　弭膩　矩膩母膩　覩膩　頞嬭難帝　難底黎　爍迦哩　斫迦哩　他誐哩多誐哩　建左寧　左曩嚩底　嚩隸嚩隸　嚩隸嚩隸　難帝悉地　娑嚩賀

「復次，阿難陀！羯諾迦牟尼如來正遍知者，亦隨喜喧說此佛母大孔雀明王真言曰：

怛儞也他　難多黎　怛多黎　怛多黎　多羅姤多黎　味隸尾惹曳　尾孺馱隸　阿囉薺　尾囉薺尾囉惹麼斯麼底　麼里　麼里顰　門嬭試囉門嬭　入嚩黎　入嚩黎　入嚩黎　跛捺囉嚩底　悉地娑嚩賀

「復次，阿難陀！迦攝波如來正遍知者，亦隨喜宣說此佛母大孔雀明王真言曰：

怛儞也他　頞拏隸　建拏隸　曼拏隸　騫拏隸　咎謀　咎謀曩儞　咎謀嚩底　滿帝曼膩底計　阿麼隸　僧係　賀囉賀囉　賀囉賀囉　跛輸跛輸跛輸跛輸跛輸　鉢底悉底娑嚩賀

「阿難陀！我釋迦牟尼如來正遍知者，亦隨喜宣說此佛母大孔雀明王真言，為欲利益諸有情故，真言曰：

怛儞也他　呬哩弭哩　枳哩弭哩　伊里黎　羯怛黎計覩嚩黎　阿拏麼里　納脾聶脾　沒薩囉計　沒薩蘇　怛囉騫禰　迦麼哩　劍母捺哩　怛嚕怛嚕　嚩囉抳　鉢囉訖哩底能瑟蘇　弭里多黎　伊底賀細　阿左黎　咄多黎嚩枳黎　嚩致嚩致底計　拶吒膽吠若祈雨時應云　嚩囉灑覩禰嚩若息災求願之時應云　悉鈿覩滿怛羅鉢那　曩謨娑誐嚩姤　伊哩惹曳　遇怒呬迦曳　勃陵誐里迦曳　阿嚕止　曩嚕止　捺蘇　捺蘇嚩日嚇　捺吒嚩日嚩　嗢娜野納畢理曳　阿攞跢黎　矩攞多夜　那囉野抳　鉢捨額　娑鉢捨額　悉鈿覩　捺囉弭拏　滿怛囉鉢娜　娑嚩賀

「阿難陀！我已教汝受持佛母大孔雀明王法，救莎底苾芻蛇毒之難，令彼苾芻獲得安隱，亦令一切有情讀誦受持是經，獲大安樂，壽命百年，所求遂願已如前說。

「復次，阿難陀！慈氏菩薩，亦隨喜宣說此佛母大孔雀明王真言曰：

怛儞也他　試哩試哩　試哩跋捺𠼝　孺底孺底　孺底跋捺𠼝　賀𠼝賀𠼝　賀哩抳　難底捨嚩𠼝　試吠　戍囉播抳𩕳　冐地冐地　冐地冐地　冐地薩怛吠　冐地鉢哩播左抳曳娑嚩賀

「阿難陀！索訶世界主大梵天王，亦隨喜宣說此佛母大孔雀明王真言曰：

怛儞也他　呬哩呬哩　弭哩弭哩　麼哩𩕳葬迦哩　枳哩枳哩　枳哩枳理　枳哩枳哩底　沒囉賀麼曳　矩囒擿計　尾拏訶普細　馱囉馱囉　賀攞賀攞　普嚕普嚕　普嚕普嚕娑嚩賀

「阿難陀！此真言能滅一切惡毒，能除一切毒類。佛力除毒、菩薩摩訶薩力除毒、獨覺力除毒、阿羅漢力除毒、三果四向聖力除毒、實語者力除毒、梵王杖力除毒、帝釋金剛杵力除毒，吠率怒輪力除毒，火天燒力除毒、水天羂索力除毒、阿蘇羅幻士力除毒、龍王明力除毒、嚕捺囉三戟叉力除毒、塞騫那爍底力除毒，佛母大孔雀明王力，能除一切諸毒，令毒入地，令我某甲及諸眷屬皆得安隱。

阿難陀！復有一切毒類，汝應稱彼名字，所謂：跛磋那婆毒、訶羅遏囉毒、迦羅俱吒毒，牙齒毒、螫毒、根毒、末毒，疑毒、眼毒、雹毒、雲毒，蛇毒、龍毒、蠱毒、魅毒，一切鼠毒、蜘蛛毒、象毒、蝦蟆毒、蠅毒，及諸蜂毒，人毒、人非人毒、藥毒、呪毒，如是等一切諸毒，願皆除滅，令我某甲及諸眷屬，悉除諸毒，獲得安隱，壽命百年，願見百秋。

「阿難陀！帝釋天王亦隨喜宣說此佛母大孔雀明王真言曰：

怛儞也他　若邏　膳覩黎　麼羅膳覩黎　佐閉胝膳覩黎　末他顊　伽多顊　仡囉薩顊　賀哩　矢哩　儞庚底失哩　怛嚕怛嚕拏嚩底　賀賀賀賀賀僧思孕反係　地底　地底　矩嚕矩嚕　尾囉惹　咄吒咄吒臬　韈吒韈吒臬悉哩悉哩　劫比黎　劫比羅母黎　賀呬護　薩嚩訥瑟吒　鉢羅訥瑟吒南　昝婆能迦盧弭　曷娑多播能誐　鉢羅底孕誐　顊蘗囉怛迦嚧弭　娑賀怛哩娜勢呬禰吠呬　嗢黴擬抳　素囉跛底韈底　嚩日囉嚩日囉　嚩日囉嚩日囉嚩日

囉　嚩日囉鉢多曳　娑嚩賀

「阿難陀！四大天王亦隨喜宣說此佛母大孔雀明王真言曰：

怛儞也他　入嚩攞入嚩攞曩　答跛答跛曩　馱麼馱麼曩　薩囉薩囉拏

矩胝矩胝　母胝母胝　弭胝弭胝　薩囉薩囉　賀囉賀囉　怛羅怛囉　娜娜娜

娜娜　嚩嚩嚩嚩嚩　賀攞賀攞賀攞賀攞賀攞　悉地悉地悉地悉地　娑嚩

娑底　娑嚩娑底　娑嚩娑底　娑嚩娑底　娑嚩娑底　娑嚩賀

「令我某甲并諸眷屬，皆得遠離一切鬼神使者、琰魔使者、黑夜母天持黑索者、及死王所罰、梵天所罰、帝釋所罰、仙人所罰、諸天所罰、龍王所罰、阿蘇羅所罰、麼嚕多罰、誐嚕拏罰、彥達嚩罰、緊那羅罰、摩護囉誐罰、藥叉所罰、羅刹娑罰、畢隸多罰、比舍遮罰、步多所罰、矩畔拏罰、布單那罰、羯吒布單那罰、塞建那罰、嗢麼那罰、車耶所罰、阿鉢娑麼羅罰、塢娑多囉迦罰、吠跢拏罰、王所罰、賊所罰、水火所罰，於一切處，所有謫罰及輕小治罰，令我某甲并諸眷屬，皆得遠離，常見擁護，壽命年年，願見百秋。

「阿難陀！汝當稱念諸大河王名字，其名曰：殑伽河王、信度河王、嚩芻河王、枲多河王、設臘部河王、阿爾囉伐底河王、琰母娜河王、句賀河王、尾怛娑多河王、設多訥嚕河王、微播捨河王、愛羅伐底河王、戰捺囉婆誐河王、薩囉娑底河王、羯縒比顉河王、盃喻史抳河王、迦尾哩河王、擔沒囉鉢拏河王、末度末底河王、益芻伐底河王、遇末底河王、捺末娜河王、燥蜜怛囉河王、尾濕嚩蜜怛囉河王、阿麼囉河王、跢麼囉河王、半者囉河王、素婆窣堵河王、鉢囉婆捺哩迦河王、荅布多河王、尾麼囉河王、遇娜嚩哩河王、泥連善那河王、呬囕孃伐底河王。

「如是等諸大河王，依此大地而住，彼諸河王處，若天、若龍、若阿蘇羅、麼嚕多、誐嚕拏、彥達嚩、緊娜摩護囉誐，若藥叉、羅刹娑、畢隸多、比舍遮，若步多、矩畔拏、布單那、羯吒布單那、塞建那、嗢摩那、車耶、阿鉢娑麼囉、塢娑跢羅迦，及食精氣者、食胎者、食血者、食肉者、食脂膏者、食髓者、食生者、食命者、食祭祠者、食氣者、食香者、食鬘者、食花者、食果者、食苗稼者、食火祭者、食膿者、食大便者、食小便者、食涕唾者、食涎者、食洟者、食殘食者、食吐者、食不淨物者、食漏水者，如是等種種形貌，種種顏色，隨樂變身。諸鬼神等依彼河住，彼等亦以此佛母大孔雀明王，皆擁護於我某甲并諸眷屬，令離憂苦，壽命百年，常受安樂。

「阿難陀！汝當稱念諸大山王名字，其名曰：妙高山王、雪山王、香醉山王、百峰山王、朅地洛迦山王、金協山王、持光山王、顰泯達羅山王、輪圍山王、大輪圍山王、因陀羅石山王、梵宅山王、有吉祥山王、善現山王、廣大山王、出寶山王、多蟲山王、寶頂山王、出金剛山王、阿蘇羅巖山王、毘摩質多羅山王、電光山王、馬乳山王、月光山王、日光山王、摩羅耶山王、頻陀山王、賢石山王、質怛囉矩吒山王、金峰山王、播哩耶怛羅山王、妙臂山王、有摩尼山王、蘇麗那山王、梵觜山王、智淨山王、牛耳山王、摩羅質怛羅山王、劍形山王、炎熱山王、安繕那山王、積聚山王、鹿色山王、達達山王、罽羅娑山王、大帝山王。

「如是等諸大山王，居此大地，於彼等山所有天龍、阿蘇羅、麼嚕多、誐嚕拏、彥達嚩、緊那羅、摩護囉誐、藥叉、羅刹、娑畢𡃤多、比舍遮、步多、矩畔拏、布單那、羯吒布單那、塞建那、嗢麼那、車耶阿鉢娑麼羅、塢娑跢羅迦、諸鬼神等，及持明大山并諸營從眷屬住彼山者，亦皆以此佛母大孔雀明王，擁護於我某甲并諸眷屬，壽命百年，除滅惡事，常覩吉祥，離諸憂惱。復說伽陀曰：

令我夜安隱，晝日亦安隱，於一切時中，諸佛常護念。

「阿難陀！汝當稱念諸星宿天名號，彼星宿天有大威力，常行虛空，現吉凶相，其名曰：昴星及畢星，觜星參及井，鬼宿能吉祥，柳星為第七。此等七宿住於東門，守護東方，彼亦以此佛母大孔雀明王，常護我某甲并諸眷屬，壽命百年，離諸憂惱。

星宿能摧怨，張翼亦如是，軫星及角亢，氐星居第七。此等七宿，住於南門，守護南方，彼亦以此佛母大孔雀明王，常擁護我某甲并諸眷屬，壽命百年，離諸憂惱。

房宿大威德，心尾亦復然，箕星及斗牛，女星為第七。此等七宿，住於西門守護西門，彼亦以此佛母大孔雀明王，常擁護我某甲并諸眷屬，壽命百年，離諸憂惱。

虛星與危星，室星辟星等，奎星及婁星，胃星最居後。此等七宿住於北門守護北方，彼亦以此佛母大孔雀明王，常擁護我某甲并諸眷屬，壽命百年，離諸憂惱。

「阿難陀！汝常稱念，有九種執曜名號，此執曜天巡行二十八宿之時，能令晝夜時分增減，世間所有豐儉苦樂皆先表其相，其名曰：

日月及熒惑，辰歲并大白，鎮及羅睺彗，此皆名執曜。此等九曜，有大威力，能示吉凶，彼亦以此佛母大孔雀明王，常擁護我某甲并諸眷屬，壽命百年。離諸憂惱。復以伽陀讚諸星宿：

宿有二十八，四方各居七，執曜復有七，加日月為九。
總成三十七，勇猛大威神，出沒照世間，示其善惡相。
令晝夜增減，有勢大光明，皆以清淨心，於此明隨喜。
此等星宿天，皆亦以此佛母大孔雀明王　常擁護我某甲并諸眷屬，壽命百年。

「阿難陀！汝等稱念諸大仙人名號，此諸仙人皆持成就禁戒，常修苦行，皆具威德，有大光明，或住山河、或居林藪，欲作善惡呪願，吉凶隨言成就，五通自在遊行虛空，一切所為無有障礙，汝當稱念其名曰：阿瑟吒迦大仙、嚩麼迦大仙、嚩麼禰嚩大仙、摩利支大仙、未建嬭耶大仙、種種友大仙、婆私瑟侘大仙、跋獵弭迦大仙、迦葉波大仙、老迦葉波大仙、勃陵隅大仙、勃哩囉娑大仙，鴦儗羅大仙、婆儗囉娑大仙、阿怛嚩耶大仙、補攞悉底耶大仙、鹿頭大仙、焰摩火大仙、洲子大仙、黑洲子大仙、賀哩多大仙、賀哩多子大仙、等聲大仙、高勇大仙、等高勇大仙、說忍大仙、名稱大仙、善名稱大仙、尊重大仙、黃大仙、補怛洛迦大仙、阿濕嚩攞野那大仙、香山大仙、雪山大仙、赤目大仙、難住大仙、吠陝播野那大仙、嚩攬弭迦大仙、能施大仙、訥麼娑大仙、設臘婆大仙、麼努大仙、主宰大仙、帝釋大仙、歲星大仙、嬌大仙、光大仙、鸚鵡大仙、阿羅禰彌大仙、鎮星大仙、辰星大仙、持毒大仙、乾陀羅大仙、獨角大仙、仙角大仙、蘗誐大仙、單拏野那大仙、建姹野那大仙、煙頂大仙、可畏大仙、劫比羅大仙、喬答摩大仙、摩蹬伽大仙、朱眼大仙、妙眼大仙、娜羅娜大仙、山居大仙、訖哩弭囉大仙。

此等諸仙，皆是往古大仙，造四明論，善閑呪術，眾行備成，自他俱利，彼此以此佛母大孔雀明王，擁護我某甲并諸眷屬，壽命百年，離諸憂惱。復說真言曰：

怛儞也他　呬哩呬哩　呬哩佉哩　麼哩護哩　素哩賀哩　呬哩呬哩　弭哩弭哩　囁普囁普　拏囁普　仡囉薩𩕳　沫他𩕳　諾賀𩕳　伽多𩕳　跛左𩕳　播左𩕳　播多𩕳　跢跛𩕳　賀曩𩕳　娜賀𩕳　娜賀娜賀娜賀　娜羅娜羅娜

囉⿱穴頁　播吒⿱穴頁　邏賀⿱穴頁　謨賀⿱穴頁　婆擔婆⿱穴頁　昝婆⿱穴頁娑嚩賀

「阿難陀！汝當稱念，此大地中有大毒藥名字，其名曰：頞拏囉、半拏囉、迦囉攞、計庾囉、部蹬誐麼、部多鉢底、泯努鉢底、悉哩鉢底、帝惹鉢底、帝祖仡囉鉢底、拽戍鉢底、拽戍仡囉鉢底、阿囉拏、跢囉拏、阿囉赧、怛囉拏、難跢諾賀、濟賀濟邏、發邏虞邏、止囉難覩囉、伊哩枳止迦、捨且覩囉、尾補里、曩矩哩、枳哩比、怛郎誐哩瑟吒、闇母麼底、昝母麼底、麼麼麼底、迦麼黎、尾麼黎、軍拏黎、阿四覩呬、嚩計、嚩迦拏帝、嚩捺曩陛、麼賀誐黎、覩覽迷、蘇覽迷。

「阿難陀！此大毒藥及諸藥神，亦以此佛母大孔雀明王，守護我某甲并諸眷屬，壽命百年，離諸毒害。

「復次，阿難陀！此佛母大孔雀明王教，七佛正遍知如來之所宣說，所謂：微鉢尸、尸棄、毘舍浮、羯句忖那、羯諾迦牟尼、迦葉波、我釋迦牟尼正遍知等，皆隨喜宣說，此佛母大孔雀明王，慈氏菩薩亦隨喜宣說。索訶世界主大梵天王，并天帝釋四大天王，持國天王與揵達婆主，增長天王與俱槃茶主，廣目天王與龍主，多聞天王與藥叉主，并二十八大藥叉將皆隨喜宣說，此佛母大孔雀明王真言。散支迦大將訶利底母，及五百子并諸眷屬，亦隨喜宣說。

「阿難陀！此佛母大孔雀明王真言，無能違越者；若天、若龍、若阿蘇羅、麼嚕多、誐嚕拏、彥達嚩、緊那囉、摩護囉誐等亦無能違越者；若藥叉、若羅刹娑、若畢𠽿多、比舍遮、步多、矩伴拏、布單那、羯吒布單那、塞建那、嗢麼那、車耶、阿鉢娑麼囉、塢娑跢羅迦等，一切鬼神亦無能違越者；及一切諸惡食者，食精氣者、食胎者、食血者、食肉者、食脂膏者、食髓者、食生者、食命者、食祭祠者、食氣者、食香者、食鬘者、食花者、食果者、食苗稼者、食火祭者、食膿者、貪大便者、食小便者、食涕唾者、食涎者、食洟者、食殘食者、食吐者、食不淨物者、食漏水者，如是等諸惡食者，亦不能違越此佛母大孔雀明王；又諸蠱魅厭禱咒術諸惡法者，訖嘌底迦、羯麼拏、沼具嘌那、枳刺拏、吠跢拏、質者、畢嚇灑迦亦不能違越；又有飲他血髓變人驅役，呼召鬼神造諸惡業，惡食、惡吐、惡影、惡視、或造厭書惡跳惡驀、或惡　逆作惡事者，亦不能違越此佛母大孔雀明王；又諸王、賊、水、火、他兵、飢饉、非時夭壽，地動、惡獸、怨敵、惡友等，亦不能違越，悉皆遠離；又諸惡病，疥癩瘡癬痔漏癰疽、身皮黑澁、飲食不消，頭痛、半痛、眼耳鼻痛、脣口頰痛、牙齒舌痛及咽喉痛、胸脅背痛，心肚腰胯及髀膝痛，手足四支及隱密處痛、瘦病乾消遍身疼痛，如是等痛，亦不能違越皆得遠離；又諸瘧病一日、二日、三日、四日乃至七日半月一月，或復頻日，或復須臾，或常熱病、偏邪癭病、鬼神壯熱、風黃痰癊、或三集病、四百四病，皆不能違越此佛母大孔雀明王。

「阿難陀！復有鬼魅人非人等，諸惡毒害一切不祥，及諸惡病一切鬼神并及使者，怨敵恐怖種種諸毒，及以呪術一切厭禱，皆不能違越此摩訶摩瑜利佛母明王，常得遠離一切不善之業，獲大吉祥，眾聖加持，所求滿足。

「復次，阿難陀！若有人纔稱念此摩訶摩瑜利佛母明王名字者，便護自身及護他人，或結線索身上帶持，如其此人，應合死罪以罰物得脫，應合被罰輕杖得脫，應合輕杖被罵得脫，應合被罵自然得脫，一切苦難悉皆消散，此人亦不被王、賊、水、火、惡毒、刀杖之所侵害，人天鬼神無敢違越，睡安覺安，離諸恐怖，福德增長，壽命延長。

「阿難陀！唯除宿世定業必受報者，但讀誦此經，必獲應效。

「阿難陀！若天旱時及雨澇時，讀誦此經諸龍歡喜，若滞雨即晴，若亢旱必雨，令彼求者隨意滿足。

「阿難陀！此佛母大孔雀明王纔憶念者，能除恐怖怨敵一切厄難，何況具足讀誦受持，必獲安樂。

「阿難陀！此摩訶摩瑜利佛母明王，是能除災禍息怨敵者，為欲守護四眾：苾芻、苾芻尼、鄔波索迦、鄔波斯迦離諸怖畏故，復說真言曰：

怛儞也佗　野嚩底　馱額　馱囉枳　矩嚕覩嚕銘　娑嚩賀

貪欲瞋恚癡，是世間三毒，
諸佛皆已斷，實語毒消除；
貪欲瞋恚癡，是世間三毒，
達磨皆已斷，實語毒消除；
貪欲瞋恚癡，是世間三毒，
僧伽皆已斷，實語毒消除。
一切諸世尊，有大威神力，
羅漢具名稱，除毒令安隱；
我等并眷屬，常得離災厄，
願佛母明王，令一切安隱。

爾時，具壽阿難陀，聞佛世尊說是經已，頂禮雙足，右繞三匝，承佛聖旨，往莎底苾芻所，便以此佛母大孔雀明王法，為彼苾芻而作救護，結其地界、結方隅界，攝受饒益，除其苦惱。

時，莎底苾芻苦毒消散，身得安隱從地而起，與具壽阿難陀俱詣佛所，禮雙足已，在一面住。

爾時，世尊告阿難陀說：「由此因緣，汝當普告四眾，苾芻、苾芻尼、鄔波索迦、鄔波斯迦，及國王大臣世間人等，勸令一心受持此法，為他人說，書寫經卷，在處流通，當令嚴飾建立壇場，香花飲食隨分供養，令一切有情離諸憂惱，得福無量，常獲安樂，壽命百年。」

爾時，世尊說是經已，人、天、藥叉及諸鬼魅奉佛教勅不敢違越，皆起慈心護持經者。時，具壽阿難陀及諸大眾，天龍、藥叉、彥達嚩、阿蘇羅、摩嚕多、蘗嚕拏、緊那囉、摩護囉誐、人非人等，聞佛所說，皆大歡喜，信受奉行。

天阿蘇羅藥叉等，來聽法者應至心，
擁護佛法使長存，各各勤行世尊敬。
諸有聽徒來至此，或在地上或居空，

常於人世起慈心，晝夜自身依法住。
願諸世界常安隱，無邊福智益群生，
所有罪業並消除，遠離眾苦歸圓寂。
恒用戒香塗瑩體，常持定服以資身，
菩提妙華遍莊嚴，隨所住處常安樂。

全佛文化圖書出版目錄

佛教小百科系列

- □ 佛菩薩的圖像解說1-總論•佛部 320
- □ 佛菩薩的圖像解說2-菩薩部•觀音部•明王部 280
- □ 密教曼荼羅圖典1-總論•別尊•西藏 240
- □ 密教曼荼羅圖典2-胎藏界上 300
- □ 密教曼荼羅圖典2-胎藏界中 350
- □ 密教曼荼羅圖典2-胎藏界下 420
- □ 密教曼荼羅圖典3-金剛界上 260
- □ 密教曼荼羅圖典3-金剛界下 260
- □ 佛教的真言咒語 330
- □ 天龍八部 350
- □ 觀音寶典 320
- □ 財寶本尊與財神 350
- □ 消災增福本尊 320
- □ 長壽延命本尊 280
- □ 智慧才辯本尊 290
- □ 令具威德懷愛本尊 280
- □ 佛教的手印 290
- □ 密教的修法手印-上 350
- □ 密教的修法手印-下 390
- □ 簡易學梵字(基礎篇)-附CD 250
- □ 簡易學梵字(進階篇)-附CD 300
- □ 佛教的法器 290
- □ 佛教的持物 330
- □ 佛教的塔婆 290
- □ 中國的佛塔-上 240
- □ 中國的佛塔-下 240
- □ 西藏著名的寺院與佛塔 330
- □ 佛教的動物-上 220
- □ 佛教的動物-下 220
- □ 佛教的植物-上 220
- □ 佛教的植物-下 220
- □ 佛教的蓮花 260
- □ 佛教的香與香器 280
- □ 佛教的神通 290
- □ 神通的原理與修持 280
- □ 神通感應錄 250
- □ 佛教的念珠 220
- □ 佛教的宗派 295
- □ 佛教的重要經典 290
- □ 佛教的重要名詞解說 380
- □ 佛教的節慶 260
- □ 佛教的護法神 320
- □ 佛教的宇宙觀 260
- □ 佛教的精靈鬼怪 280
- □ 密宗重要名詞解說 290
- □ 禪宗的重要名詞解說-上 360
- □ 禪宗的重要名詞解說-下 290
- □ 佛教的聖地-印度篇 200

佛菩薩經典系列

- □ 阿彌陀佛經典 350
- □ 藥師佛•阿閦佛經典 220
- □ 普賢菩薩經典 180
- □ 文殊菩薩經典 260
- □ 觀音菩薩經典 220
- □ 地藏菩薩經典 260
- □ 彌勒菩薩•常啼菩薩經典 250
- □ 維摩詰菩薩經典 250
- □ 虛空藏菩薩經典 350
- □ 無盡意菩薩•無所有菩薩經典 260

修行道地經典系列

- □ 大方廣佛華嚴經(10冊) 1600
- □ 長阿含經(4冊) 600
- □ 增一阿含經(7冊) 1050
- □ 中阿含經(8冊) 1200
- □ 雜阿含經(8冊) 1200

佛法常行經典系列

- ☐ 妙法蓮華經 260
- ☐ 悲華經 260
- ☐ 小品般若波羅密經 220
- ☐ 金光明經・金光明最勝王經 280
- ☐ 楞伽經・入楞伽經 360
- ☐ 楞嚴經 200
- ☐ 大乘本生心地觀經・勝鬘經・如來藏經 200
- ☐ 解深密經・大乘密嚴經 200
- ☐ 大日經 220
- ☐ 金剛頂經・金剛頂瑜伽念誦經 200

三昧禪法經典系列

- ☐ 念佛三昧經典 260
- ☐ 般舟三昧經典 220
- ☐ 觀佛三昧經典 220
- ☐ 如幻三昧經典 250
- ☐ 月燈三昧經典(三昧王經典) 260
- ☐ 寶如來三昧經典 250
- ☐ 如來智印三昧經典 180
- ☐ 法華三昧經典 260
- ☐ 坐禪三昧經典 250
- ☐ 修行道地經典 250

佛經修持法系列

- ☐ 如何修持心經 200
- ☐ 如何修持金剛經 260
- ☐ 如何修持阿彌陀經 200
- ☐ 如何修持藥師經-附CD 280
- ☐ 如何修持大悲心陀羅尼經 220
- ☐ 如何修持阿閦佛國經 200
- ☐ 如何修持華嚴經 290
- ☐ 如何修持圓覺經 220
- ☐ 如何修持法華經 220
- ☐ 如何修持楞嚴經 220

守護佛菩薩系列

- ☐ 釋迦牟尼佛-人間守護主 240
- ☐ 阿彌陀佛-平安吉祥 240
- ☐ 藥師佛-消災延壽(附CD) 260
- ☐ 大日如來-密教之主 250
- ☐ 觀音菩薩-大悲守護主(附CD) 280
- ☐ 文殊菩薩-智慧之主(附CD) 280
- ☐ 普賢菩薩-廣大行願守護主 250
- ☐ 地藏菩薩-大願守護主 250
- ☐ 彌勒菩薩-慈心喜樂守護主 220
- ☐ 大勢至菩薩-大力守護主 220
- ☐ 準提菩薩-滿願守護主(附CD) 260
- ☐ 不動明王-除障守護主 220
- ☐ 虛空藏菩薩-福德大智守護(附CD) 260
- ☐ 毘沙門天王-護世財寶之主(附CD) 280

輕鬆學佛法系列

- ☐ 遇見佛陀-影響百億人的生命導師 200
- ☐ 如何成為佛陀的學生-皈依與受戒 200
- ☐ 佛陀的第一堂課-四聖諦與八正道 200
- ☐ 業力與因果-佛陀教你如何掌握自己的命運 220

生命大學系列

- ☐ 關於前世、今生與來世 240
- ☐ 關於決定自己的未來 240
- ☐ 心性修鍊的八堂課 280
- ☐ 關於宇宙的實相 280
- ☐ 關於死亡與轉世之路 250
- ☐ 關於結婚後的我們 240
- ☐ 關於愛情的密碼 200

洪老師禪座教室系列

- □ 靜坐-長春.長樂.長效的人生 200
- □ 放鬆(附CD) 250
- □ 妙定功-超越身心最佳功法(附CD) 260
- □ 妙定功VCD 295
- □ 睡夢-輕鬆入眠•夢中自在(附CD) 240
- □ 沒有敵者-強化身心免疫力的修鍊法(附CD) 280
- □ 夢瑜伽-夢中作主.夢中變身 260
- □ 如何培養定力-集中心靈的能量 200

禪生活系列

- □ 坐禪的原理與方法-坐禪之道 280
- □ 以禪養生-呼吸健康法 200
- □ 內觀禪法-生活中的禪道 290
- □ 禪宗的傳承與參禪方法-禪的世界 260
- □ 禪的開悟境界-禪心與禪機 240
- □ 禪宗奇才的千古絕唱-永嘉禪師的頓悟 260
- □ 禪師的生死藝術-生死禪 240
- □ 禪師的開悟故事-開悟禪 260
- □ 女禪師的開悟故事(上)-女人禪 220
- □ 女禪師的開悟故事(下)-女人禪 260
- □ 以禪療心-十六種禪心療法 260

密乘寶海系列

- □ 現觀中脈實相成就-開啟中脈實修秘法 290
- □ 智慧成就拙火瑜伽 330
- □ 蓮師大圓滿教授講記-藏密寧瑪派最高解脫法門 220
- □ 密宗的源流-密法內在傳承的密意 240
- □ 恒河大手印-傾瓶之灌的帝洛巴恒河大手印 240
- □ 岡波巴大手印-大手印導引顯明本體四瑜伽 390
- □ 大白傘蓋佛母-息災護佑行法(附CD) 295
- □ 密宗修行要旨-總攝密法的根本要義 430
- □ 密宗成佛心要-今生即身成佛的必備書 240
- □ 無死 超越生與死的無死瑜伽 200
- □ 孔雀明王行法-摧伏毒害煩惱 260
- □ 月輪觀•阿字觀-密教觀想法的重要基礎 350
- □ 穢積金剛-滅除一切不淨障礙 290
- □ 五輪塔觀-密教建立佛身的根本大法 290
- □ 密法總持-密意成就金法總集 650
- □ 密勒日巴大手印-雪山空谷的歌聲，開啟生命智慧之心 480

其他系列

- □ 入佛之門-佛法在現代的應用智慧 350
- □ 普賢法身之旅-2004美東弘法紀行 450
- □ 神通-佛教神通學大觀 590
- □ 認識日本佛教 360
- □ 華嚴經的女性成就者 480
- □ 準提法彙 200
- □ 地藏菩薩本願經與修持法 320
- □ 仁波切我有問題-一本關於空的見地、禪修與問答集 240
- □ 萬法唯心造-金剛經筆記 230
- □ 菩薩商主與卓越企業家 280
- □ 禪師的手段 280
- □ 覺貓悟語 280
- □ 蓮花生大士祈請文集 280

女佛陀系列

- □ 七優曇華-明末清初的女性禪師(上) 580
- □ 七優曇華-明末清初的女性禪師(下) 400

禪觀寶海系列

- □ 禪觀秘要 1200
- □ 首楞嚴三昧-降伏諸魔的大悲勇健三昧 420

高階禪觀系列

- □ 通明禪禪觀-迅速開啟六種神通的禪法 200
- □ 十種遍一切處禪觀-調練心念出生廣大威力的禪法 280
- □ 四諦十六行禪觀-佛陀初轉法輪的殊勝法門 350
- □ 三三昧禪觀-證入空、無相、無願三解脫門的禪法 260
- □ 大悲如幻三昧禪觀-修行一切菩薩三昧的根本 380
- □ 圓覺經二十五輪三昧禪觀-二十五種如來圓覺境界的禪法 400

蓮花生大士全傳系列

- □ 蓮花王 320
- □ 師子吼聲 320
- □ 桑耶大師 320
- □ 廣大圓滿 320
- □ 無死虹身 320

淨土修持法

- □ 蓮花藏淨土與極樂世界 350
- □ 菩薩的淨土 390
- □ 諸佛的淨土 390
- □ 三時繫念佛事今譯 250

離言叢書系列

- □ 解深密經密意 390
- □ 如來藏經密意 300
- □ 文殊師利二經密意 420
- □ 菩提心釋密意 230
- □ 龍樹讚歌集密意 490
- □ 無邊莊嚴會密意 190
- □ 勝鬘師子吼經密意 340
- □ 龍樹二論密意 260
- □ 大乘密嚴經密意 360
- □ 大圓滿直指教授密意 290

甯瑪派叢書-見部系列

- □ 九乘次第論集-佛家各部見修差別 380
- □ 甯瑪派四部宗義釋 480
- □ 辨法法性論及釋論兩種 480
- □ 決定寶燈 480
- □ 無修佛道-現證自性大圓滿本來面目教授 360
- □ 幻化網秘密藏續釋-光明藏 560
- □ 善說顯現喜宴-甯瑪派大圓滿教法 650

甯瑪派叢書-修部系列

- □ 大圓滿心性休息導引 395
- □ 大圓滿前行及讚頌 380
- □ 幻化網秘密藏續 480
- □ 六中有自解脫導引 520

密法傳承系列

- □ 天法大圓滿掌中佛前行講義中疏 680

光明導引系列

- □ 送行者之歌(附國台語雙CD) 480

離言叢書系列

書名	定價
□ 解深密經密意	390
□ 如來藏經密意	300
□ 文殊師利二經密意	420
□ 菩提心釋密意	230
□ 龍樹讚歌集密意	490
□ 無邊莊嚴會密意	190
□ 勝鬘師子吼經密意	340
□ 龍樹二論密意	260
□ 大乘密嚴經密意	360
□ 大圓滿直指教授密意	290

談錫永作品系列

書名	定價
□ 閒話密宗	200
□ 西藏密宗占卜法-妙吉祥占卜法（組合）	790
□ 細說輪迴生死書-上	200
□ 細說輪迴生死書-下	200
□ 西藏密宗百問-修訂版	210
□ 觀世音與大悲咒-修訂版	190
□ 佛家名相	220
□ 密宗名相	220
□ 佛家宗派	220
□ 佛家經論-見修法鬘	180
□ 生與死的禪法	260
□ 細說如來藏	280
□ 如來藏三談	300

大中觀系列

書名	定價
□ 四重緣起深般若-增訂版	420
□ 心經內義與究竟義-印度四大論師釋《心經》	350
□ 聖入無分別總持經對堪及研究	390
□ 《入楞伽經》梵本新譯	320
□ 《寶性論》梵本新譯	320
□ 如來藏論集	330
□ 如來藏二諦見	360
□ 聖妙吉祥真實名經梵本校譯	390
□ 聖妙吉祥真實名經釋論三種	390
□ 《辨中邊論釋》校疏	400

藏傳佛教叢書系列

書名	定價
□ 西藏生死導引書(上)-揭開生與死的真相	290
□ 西藏生死導引書(下)六種中陰的實修教授	220

全套購書85折、單冊購書9折

（郵購請加掛號郵資60元）

全佛文化事業有限公司

新北市新店區民權路95號4樓之1

Buddhall Cultural Enterprise Co.,Ltd.

TEL:886-2-2913-2199

FAX:886-2-2913-3693

匯款帳號：3199717004240

合作金庫銀行大坪林分行

戶名：全佛文化事業有限公司

甯瑪派叢書-見部系列

書名	定價
□ 九乘次第論集-佛家各部見修差別	380
□ 甯瑪派四部宗義釋	480
□ 辨法法性論及釋論兩種	480
□ 決定寶燈	480
□ 無修佛道-現證自性大圓滿本來面目教授	360
□ 幻化網秘密藏續釋-光明藏	560
□ 善說顯現喜宴-甯瑪派大圓滿教法	650
□ 勝利天鼓雷音-金剛乘教法史	1040

甯瑪派叢書-修部系列

書名	定價
□ 大圓滿心性休息導引	395
□ 大圓滿前行及讚頌	380
□ 幻化網秘密藏續	480
□ 六中有自解脫導引	520

密乘寶海11

《孔雀明王行法—摧伏毒害煩惱》

作　　者　洪啟嵩
執行編輯　吳霈媜
校　　對　黃睿業
美術編輯　Mindy
封面設計　張士勇工作室
出　　版　全佛文化事業有限公司
訂購專線：(02)2913-2199
傳真專線：(02)2913-3693
發行專線：(02)2219-0898
匯款帳號：3199717004240 合作金庫銀行大坪林分行
戶　　名：全佛文化事業有限公司
E-mail:buddhall@ms7.hinet.net
http://www.buddhall.com
門　　市　新北市新店區民權路95號4樓之1（江陵金融大樓）
門市專線：(02)2219-8189
行銷代理　紅螞蟻圖書有限公司
台北市內湖區舊宗路二段121巷19號（紅螞蟻資訊大樓）
電話：(02)2795-3656　傳真：(02)2795-4100
初　　版　二〇〇八年十一月
初版三刷　二〇一七年十月
定　　價　新台幣二六〇元
ISBN　978-986-6936-33-3（平裝）

Published by BuddhAll Cultural Enterprise Co.,Ltd.

國家圖書館出版品預行編目資料

孔雀明王行法：摧伏毒害煩惱 / 洪啟嵩作.
-- 初版. -- 新北市：全佛文化, 2008.11
面；　公分. -- (密乘寶海系列；11)

ISBN 978-986-6936-33-3(平裝)

1.密宗　2.佛教修持

226.916　　97019952

BuddhAll

BuddhAll.